Jacky Girardet

Jacques Pécheur

campus

1

cahier d'exercices

1 présentation

vocabulaire

1■ Trouvez leur nationalité.

Ex. : Astérix → ***Il est français.***

Pinocchio → ....

Carmen → ....

Sherlock Holmes → ....

2■ Faites correspondre les dialogues et les dessins.

a. « – Tiens, je te présente Thomas. – Salut. Et toi tu t'appelles comment ? – Patricia. »

b. « – Vous êtes la directrice artistique ? – Oui. Bonjour, je suis Maria Martinez. »

c. « – Bonjour, votre nom ? – Hugo Marchand. »

Tiens, je te présente Thomas

Salut. Et toi tu t'appelles comment ?

Patricia

❶ ❷ ❸

grammaire

3■ Masculin ou féminin ?

	M	F		M	F
Ex. : Oui, je suis française.	☐	☒	**c.** Et vous, vous êtes italien ?	☐	☐
a. Elle est comédienne ?	☐	☐	**d.** Oui, il est directeur.	☐	☐
b. Tu es espagnole ?	☐	☐			

4■ Conjuguez.

– Bonjour, vous êtes le directeur ? – Oui, je .... le directeur artistique.

– Et vous, vous .... comédienne ? Française ? – Non, je .... espagnole.

– Et Hugo, il .... espagnol.

5■ « Tu » ou « vous » ?

Ex. : ***Tu*** *es, pardon,* ***vous*** *êtes le directeur artistique ?*

a. .... appelez comment ?

b. .... es Inès ?

c. .... êtes espagnole ?

d. .... appelles comment ? Thomas ?

e. .... es français ?

f. .... êtes comédienne ?

6■ Complétez avec « je », « tu », « il », « elle », « vous ».

– Voici Inès, ... est comédienne. Et vous Hugo ? .... êtes comédien ?
– Oui, ... suis aussi comédien.
– .... appelles comment ? – .... appelle Inès Blanc.
– .... es française ? – Oui, ... suis française.
– Et Maria, ... est française ?

écrit

7■ Casting : présentez ces comédiens.

Ex. : Sophie Marceau → Elle s'appelle Sophie Marceau, elle est comédienne, elle est française.

Tom Cruise : ....

Monica Bellucci : ....

Antonio Banderas : ....

2 dire si on comprend

vocabulaire

8■ Regroupez.

place – cathédrale – avenue – théâtre – rue – château – musée – université.

Place, ...

Cathédrale, ...

9■ Noms de lieux. Faites comme dans l'exemple.

Musée du Louvre *Notre-Dame* *Théâtre du Châtelet* *Place de la Concorde*

Ex. : Je cherche la Sorbonne ? **Ici c'est le musée du Louvre.**

a. Je cherche le château de Versailles ? ....

b. Je cherche l'hôtel Ritz ? ....

c. Je cherche la rue de Rivoli ? ....

grammaire

10■ Remettez les mots dans l'ordre.

Ex. : Je ne pas comprends le français. → ***Je ne comprends pas le français.***

a. elle pas n'est italienne

....

b. ne tu pas travailles

....

c. il n'est directeur pas

....

d. je ne m'appelle Mathieu pas

....

11■ Complétez le dialogue avec les verbes entre parenthèses.

Ex. : Bonjour, je (chercher) ***cherche*** *le directeur artistique.*

– Vous *(être)* .... Inès ? – Non, je *(être)* .... Maria.

– Vous *(parler)* .... français ? – Oui, je *(comprendre)* .... le français.

– Voici Maria, elle *(être)* .... italienne, elle *(parler)* .... français et elle *(comprendre)* .... l'espagnol.

12■ Répondez par : « Oui, c'est ici... » ou « Non, ici c'est... ».

Ex. : – Le Centre Georges-Pompidou, s'il vous plaît, c'est ici ? ***– Non, ici c'est le musée du Louvre.***

a. – Le château de Versailles, s'il vous plaît, c'est ici ?

– Oui, ...

b. – La rue de Rivoli, s'il vous plaît, c'est ici ?

– Non, *(place de la Concorde)* ....

c. – La société de production, s'il vous plaît, c'est ici ?

– Oui, ...

d. – La cathédrale Notre-Dame, s'il vous plaît, c'est ici ?

– Non, *(théâtre du Châtelet)* ....

écrit

13■ Repérez les noms de lieux.

BESH O DROM (HONGRIE)
MUSIQUES DU MONDE
Le 21 juillet → Nuit hongroise
Le 23 juillet à 19 h au parc de la Courneuve (93)
Les 24 et 25 juillet à 19 h 30 au jardin des Tuileries (1er arr.)
Du 26 au 28 juillet à 18 h au jardin du Luxembourg (6e arr.)

OLIVIER BESSON
THÉÂTRE DES RUES ET DES JARDINS
L'ombre des ailes/ Compagnie Olivier Besson
Les P'tites maisons
Du 30 juillet au 4 août à 21 h
Jardin Catherine Labouré (7e arr.)

CORDEL DO FOGO ENCANTADO (BRÉSIL)
MUSIQUES DU MONDE
Le 7 août à 19 h au square Maurice Gardette (11e arr.)
Le 8 août à 19 h au square Carpeaux (18e arr.)
Du 9 au 11 août à 18 h au jardin du Luxembourg (6e arr.)

MAHMOUD GANIA (MAROC)
MUSIQUES DU MONDE
Du 23 au 25 juillet à 18 h au jardin du Luxembourg (6e arr.)
Le 26 juillet à 19 h au parc de Belleville (20e arr.)
Les 27 et 28 juillet à 19 h 30 au jardin des Tuileries (1er arr.)

GLOBAL CHAOS NIGHT
ÉLECTRO WORLD
Fun-Da-Mental, Charged, Juttla, Swami
Le 20 juillet à partir de 18 h
Batofar (13e arr.)

ACCRORAP DANSE
Anokha
Cour d'Orléans du Palais Royal (1er arr.)

ACHILLE TONIC
REVUE A L'ITALIENNE
Varieté
Athénée-Théâtre Louis Jouvet (9e arr.)

KADY DIARRA
(BURKINA FASO)
MUSIQUES DU MONDE
Les 30 et 31 juillet à 19 h 30 au Jardin des Tuileries (1er arr.)
Le 1er août à 19 h au square Carpeaux (18e arr.)
Le 2 août à 19 h au parc de la Bergère à Bobigny (93)

DUST
OPÉRA MULTIMÉDIA
Opéra de Robert Ashley et Yukihiro Yoshihara
Du 26 au 28 juillet à 22 h
Cour d'Orléans du Palais Royal (1er arr.)

vocabulaire

14 ■ Trouvez le masculin ou le féminin.

Ex. : un étudiant → ***une étudiante.***

a. un comédien → ....
b. une artiste → ....
c. un sportif → ....
d. une directrice → ....
e. un professeur → ....
f. une musicienne → ....

15 ■ Reconnaissez ces métiers.

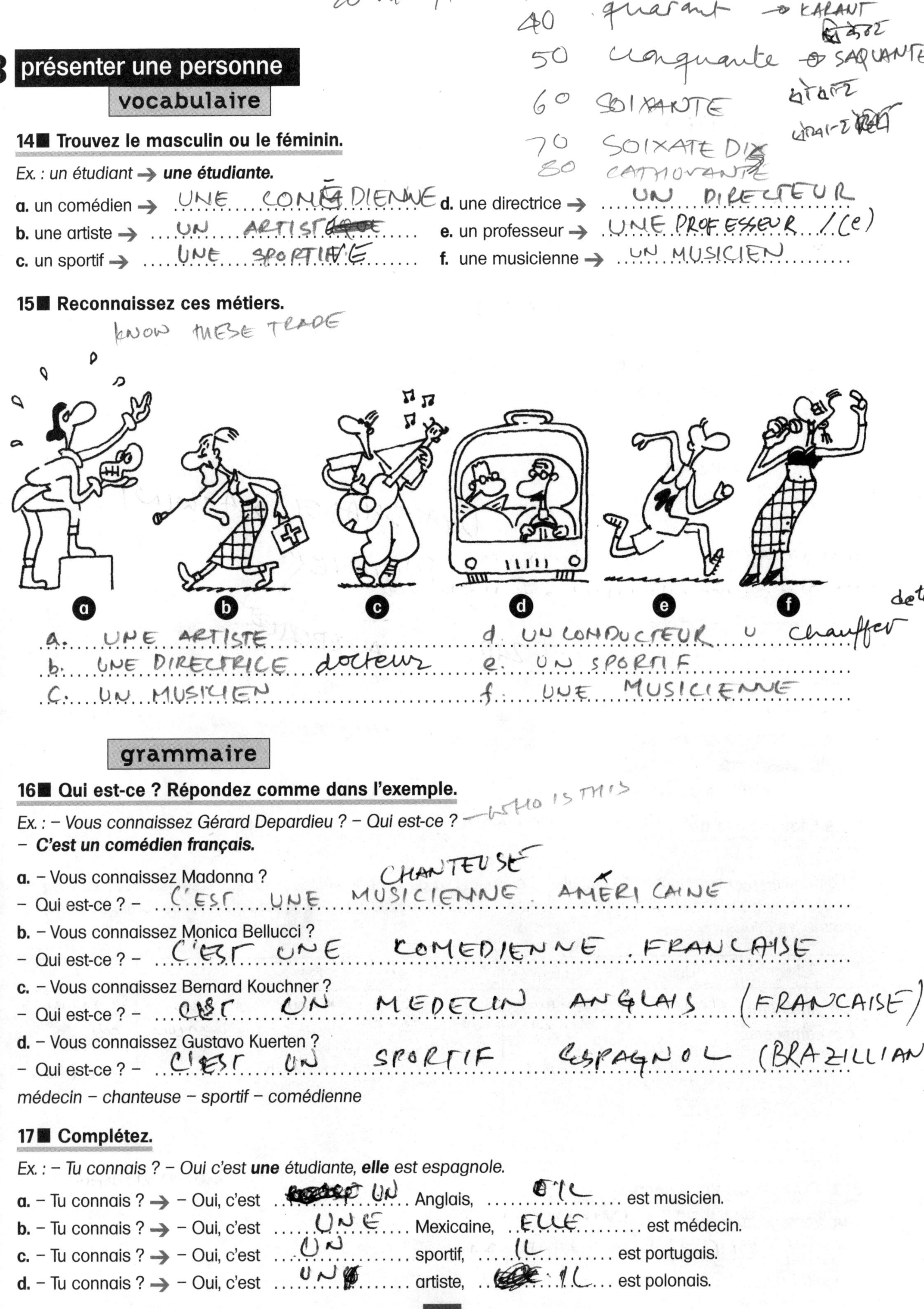

....
....
....

grammaire

16 ■ Qui est-ce ? Répondez comme dans l'exemple.

Ex. : – Vous connaissez Gérard Depardieu ? – Qui est-ce ?
*– **C'est un comédien français.***

a. – Vous connaissez Madonna ?
– Qui est-ce ? – ....

b. – Vous connaissez Monica Bellucci ?
– Qui est-ce ? – ....

c. – Vous connaissez Bernard Kouchner ?
– Qui est-ce ? – ....

d. – Vous connaissez Gustavo Kuerten ?
– Qui est-ce ? – ....

médecin – chanteuse – sportif – comédienne

17 ■ Complétez.

*Ex. : – Tu connais ? – Oui c'est **une** étudiante, **elle** est espagnole.*

a. – Tu connais ? → – Oui, c'est .... Anglais, ... est musicien.
b. – Tu connais ? → – Oui, c'est .... Mexicaine, ... est médecin.
c. – Tu connais ? → – Oui, c'est .... sportif, ... est portugais.
d. – Tu connais ? → – Oui, c'est .... artiste, ... est polonais.

18■ Complétez.

– Qui est-ce ? – C'est ***un*** étudiant ? – Non, c'est .... professeur portugais.

– Il connaît .... étrangers ? – Il connaît .... Brésilienne, ... Grec, et .... Espagnol.

– Et toi, tu connais des étrangers ? – Je connais .... garçons, ... Mexicain, ... Américain et .... Chinoise.

– .... Chinoise, c'est une fille ? – Ah ! oui, excuse-moi.

écrit

19■ Rédigez votre carte de visite : nom, prénom, profession, adresse en France. Choisissez votre adresse.

7, cours Mirabeau, 13100 Aix-en-Provence.
5, avenue Victor-Hugo, 75016 Paris.
8, boulevard de la Cannebière, 13001 Marseille.
6, rue de la République, 69002 Lyon.

4 nommer les choses

vocabulaire

20■ Classez ces titres de films.

Un dimanche à la campagne ; Le cinquième élément ; La guerre des étoiles ; Une étoile est née ; L'étudiante ; Les oiseaux ; Salut l'artiste ; La belle américaine ; Le grand restaurant ; Les comédiens ; Adieu l'ami ; Des amis comme les miens.

UN	UNE	LE	LA	LES	DES	L'
Un dimanche à la campagne	....	....	....	....	....	....
....	....	....	....	....	....	....
....	....	....	....	....	....	....
....	....	....	....	....	....	....

21■ Complétez. Vous connaissez...

... ***un*** *fromage français ?*

a. .... région française ? **b.** .... voiture française ? **c.** .... parfum français ? **d.** .... restaurant français ? **e.** .... film français ?

... ***la** cathédrale Notre-Dame ?*

f. .... palais de l'Élysée ? **g.** .... rue de Rivoli ? **h.** .... place de la Concorde ? **i.** .... hôtel Ritz ? **j.** .... musée du Louvre ?

grammaire

22■ Complétez.

*Ex. : Tu connais le directeur artistique **de la** société de production ?*

a. Tu connais le comédien .... film ? **b.** Tu connais la professeur .... espagnol ? **c.** Tu connais le film .... Besson ? **d.** Tu connais le nom .... parfum .... amie .... Maria ? **e.** Tu connais la rue .... l'hôtel ? **f.** Tu connais le nom .... théâtre ?

23■ Complétez.

*Ex. : Bonjour, je suis espagnole, je cherche **un** livre français.*

– Vous connaissez .... livre de Paul Latour ?

– Qu'est-ce que c'est ? C'est .... livre célèbre ?

– C'est .... producteur de films, il cherche .... étudiants étrangers : .... Anglais, ... Italienne, ... Français, ... Espagnol. Ils sont .... comédiens du film.

24■ Complétez avec « un », « une », « des », « le », « la », « les », « du ».

a. Tu connais .... chanteur français ? – Oui, je connais Daft Punk. • C'est .... chanteur français ? – Ce sont .... musiciens. Ils sont deux. • Et tu connais .... bon disque ? – Oui.

b. Je cherche .... voiture française. Tu connais la 406 ? – C'est .... nom d' .... voiture ? • C'est .... voiture célèbre ? – Oui très célèbre. C'est .... voiture .... film *Taxi.*

écrit

25■ Présentez les documents.

Ex. : C'est un film.
C'est Le cinquième élément.
C'est un film de Luc Besson.

....
....
....
....

....
....
....

vocabulaire

26 Reconstituez les dialogues pour chaque situation.

1. – Bonjour docteur !
   – Bonjour madame, comment allez-vous ?

2. – Après vous, je vous en prie !
   – Merci !

3. – Salut !
   – Salut !
   – Ça va ?
   – Ça va ?
   – Salut !
   – À bientôt !

a   b   c

grammaire

27 « Tu » ou « vous » ?

	TU	VOUS
a. Deux copains dans la rue, Hugo et Thomas	☐	☐
b. Le directeur de casting et Inès	☐	☐
c. Un professeur et un étudiant	☐	☐
d. Un médecin et un sportif	☐	☐

28 Entourez la bonne réponse.

Ex. : – Excusez-moi, tu connais / vous connaissez la place de la Concorde ?

a. – Pardon monsieur, le métro, s'il te plaît ? / s'il vous plaît ?

b. – Excuse-moi, après toi ! / après vous !

c. – Salut Hugo, bonjour monsieur ! / salut Thomas !

d. – Oh pardon, excusez-moi ! / ça va, ce n'est rien !

29 Rencontres. Faites comme dans l'exemple.

Ex. : Hugo et Thomas se rencontrent ; ils disent : – ***Salut, ça va ?*** *– Ça va.*

a. Inès rencontre le directeur de casting, elle dit :

– ....

– Bonjour mademoiselle.

b. Mme Bonnet et M. Dupré entrent dans l'ascenseur, il dit :

– ....

– Merci.

c. Une étudiante rencontre son professeur, elle dit :

– ....

– Bonjour Inès.

d. Le soir, M. Bonnet rencontre M. Dupré, il dit :

– ....

– Bonsoir.

30 ■ Qui dit ?

Ex. : « Bonjour Thomas, vous cherchez le directeur artistique ? » → ***Une secrétaire.***

a. « Bonjour Hugo, ça va ? » – ....

b. « Bonjour monsieur, vous cherchez... ? » – ....

c. « Salut Inès, tu vas bien ? » – ....

un ou une ami(e) d'Inès – un professeur à son élève – une secrétaire.

écrit

31 ■ Écrivez une phrase d'excuses :

a. au directeur de l'école

....

b. au professeur

....

c. à un ami ou à une amie

....

d. à une personne que vous ne connaissez pas

....

6 comprendre la grammaire

vocabulaire

32 ■ Retrouvez dans le document : un nom, un verbe conjugué, un verbe à l'infinitif, une marque du féminin, une marque du pluriel.

n°25

LIRE :
les artistes parlent aussi

REGARDER :
les œuvres d'art célèbres à Rome

ÉCOUTER :
Eric Serra : la musique du Grand Bleu

COMPRENDRE :
La peinture moderne, qu'est-ce que c'est ?

Ex. : nom → ***artistes.***

....

....

....

....

....

....

....

....

....

....

33 ■ Associez.

a. Qu'est-ce que tu connais ?
b. Qu'est-ce que tu apprends ?
c. Qu'est-ce qu'elle comprend ?
d. Qu'est-ce que tu regardes ?
e. Qu'est-ce que vous parlez ?
f. Qu'est-ce qu'elle écoute ?

1. un tableau, une sculpture
2. un film
3. un guide, de la musique
4. le français, l'espagnol
5. le portugais, le grec
6. le Japon, l'Italie, le Brésil.

grammaire

34■ Conjuguez.

	REGARDER	COMPRENDRE	TRAVAILLER	CHERCHER	CONNAÎTRE
a. je	REGARDE	COMPRENDS	TRAVAILLE	CHERCHE	CONNAIS
b. tu	REGARDES	COMPRENDS	TRAVAILLES	CHERCHES	CONNAIS
c. vous	REGARDEZ	COMPRENEZ	TRAVAILLEZ	CHERCHEZ	CONNAISSEZ
d. il/elle	~~REGARDS~~ ENT	COMPREND ENNENT	TRAVAILLE	CHERCHE	CONNAÎT CONNANNES

35■ Mettez au pluriel. — PUT IN THE PLURAL

Ex. : un château anglais → ***des châteaux anglais.***

a. une voiture italienne → DES VOITURES ITALIENNES

b. un parfum célèbre → DES ~~PARF~~ PARFUMS CÉLÈBRES

c. un tableau moderne → DES TABLE MODERNES

d. un restaurant chinois → DES RESTURANTS CHINOIS

e. une chanteuse française → DES CHANTEUSES FRANÇAISES

36■ Masculin (m.) ou féminin (f.) ?

Ex. : soleil → **m.** SUN

a. lune : la lune (F) **d.** rose : UNE ROSE (F) SUMMER **g.** peinture : La PEINTURE (F)

b. étoiles : LES (F) **e.** été : L'ÉTÉ (M) **h.** médecine : La MÉDICINE (F)

CLOUDS **c.** nuages : LES NUAGES (M) **f.** dimanche : LE DIMANCHE (M) **i.** parfum : Le PARFUM (M)

37■ Qu'est-ce que vous faites ? Retrouvez la réponse ci dessous.

je joue – je répète – je pose une question – je lis. I READ

je lis

ⓐ JE RÉPÈTE

ⓑ JE POSE UNE QUESTIONE

ⓒ JE JOUE

écrit — email

38■ Écrivez un texte en utilisant : un nom, un adjectif, un verbe conjugué, une préposition, un verbe à l'infinitif, un féminin et un pluriel.

....

....

....

Unité 1

entraînement au DELF A1

Les épreuves orales de cette page sont à faire en classe avec votre professeur : les documents sonores se trouvent dans les cassettes collectives de Campus.

1 ÉCOUTEZ

(dialogues de la page 14)

Écoutez ces six dialogues. À quelles catégories appartiennent-ils ?

	salut amical	renseignements	excuses, salutations conviviales
A			
B			
C			
D			
E			
F			

2 PARLEZ

Voici trois personnages célèbres. Présentez-les à partir des informations suivantes :

Zinedine Zidane/Français/Footballeur/Madrid
Céline Dion/Canadienne/Chanteuse/Québec
Antonio Banderas/Espagnol/Comédien/États-Unis

3 ÉCRIVEZ

Vous envoyez un message électronique à un site étudiant. Vous cherchez un appartement. Vous vous présentez : vous donnez votre nom, votre prénom, votre profession, votre nationalité, votre adresse.

1 donner des informations sur une personne

vocabulaire

1■ Complétez cette fiche de renseignements.

Nom :

Prénom :

Adresse :

Profession :

2■ Des mots qui vont bien ensemble.

Rue, ***boulevard*** ....
Amélie, ...
Serveuse, ...
Française, ...

Boulevard – ingénieur – espagnol – Dominique – secrétaire – italien – informaticien – Kevin – avenue – brésilien

grammaire

3■ Transformez les questions avec « est-ce que ».

Ex. : Vous connaissez Amélie Poulain ? → ***Est-ce que vous connaissez Amélie Poulain ?***

a. Vous habitez rue Lepic ? → ....
b. Vous êtes informaticienne ? → ....
c. Vous êtes célibataire ? → ....
d. Vous parlez italien ? → ....
e. Vous avez un numéro de téléphone ? → ....

4■ Trouvez la question.

Ex. : J'ai 20 ans. → ***Quel âge avez-vous ?***

a. J'habite rue Lepic. → ....
b. Je suis informaticienne. → ....
c. Je suis espagnole. → ....
d. Je cherche un renseignement. → ....

5■ Complétez avec les verbes.

a. J' .... les professeurs. *(écouter)*

b. Je .... un numéro de téléphone. *(chercher)*

c. Nous .... une voiture. *(avoir)*

d. Elle .... informaticienne. *(être)*

e. Vous .... Paris. *(habiter)*

6■ Donnez le pronom correct (« je », « il », « elle », « tu », « vous »).

a. .... m'appelle Kevin.

b. .... est italien.

c. .... êtes français ?

d. Quel âge avez- .... ?

e. Non, ... a 25 ans.

f. .... parles quelle langue ?

g. – .... es mariée ?

– Non, ... suis célibataire.

écrit

7■ Envoyez un mél pour donner vos nom, adresse, profession, nationalité pour établir votre visa.

Exp. : ....

Dest. : ....

Objet : ....

Message : ....

....

....

....

....

2 demander

vocabulaire

8■ Regroupez les mots par catégories.

Lieu : ***appartement,*** ....

Situation familiale : ***marié,*** ....

Instruments de travail : ***cahier,*** ....

Appartement – mari – cahier – maison – enfant – dictionnaire – jardin – marié – grammaire – habiter – rue – stylo – célibataire – quartier – cassette

9■ Ne pas confondre... Aidez-vous de votre livre ou de votre dictionnaire.

Ex. : bureau et bureau : **meuble, pièce.**

a. guide et guide : ....

b. adresse et adresse : ....

c. billet et billet : ....

d. accent et accent : ....

grammaire

10■ Répondez négativement.

Ex. : Il y a une piscine dans l'hôtel ? – ***Non, il n'y a pas de piscine dans l'hôtel.***

a. Il y a un restaurant dans l'hôtel ?

– ....

b. Il y a une assurance avec le voyage ?

– ....

c. Il y a un jardin avec la maison ?

– ....

d. Il y a une fenêtre dans le bureau ?

– ....

11■ Complétez.

Dominique parle de Mathieu :

« Mathieu habite dans .... joli village ; il n'y a pas .... château, pas .... musée. Mathieu a .... maison dans .... quartier agréable. Il est célibataire. Il est informaticien. Est-ce qu'il a .... amie ? Je ne sais pas. »

12■ Transformez les questions.

Ex. : Tu as un appartement ou une maison ? → ***Vous avez un appartement ou une maison ?***

a. Tu travailles dans un bureau sans fenêtre ?

– Vous ....

b. Tu connais le musée d'Art moderne ?

– Vous ....

c. Tu habites seule ?

– Vous ....

d. Tu sais tout !

– Vous ....

13■ Complétez avec « tout ».

Ex. : Ma vie (tout savoir). → ***Tu sais tout !***

a. La peinture *(tout connaître)* → Tu .... ?

b. La musique *(tout écouter)* → Elle ....

c. La télévision *(tout regarder)* → Il ....

d. Le français *(tout comprendre)* → Elle .... !

e. Le succès, la réussite *(tout avoir)* → Il .... !

écrit

14■ Désirs... Écrivez en quelques lignes ce que vous voudriez faire pendant les vacances.

Je voudrais visiter le musée d'Art moderne... Je voudrais... ....

....

....

....

....

vocabulaire

15■ Classez les activités suivantes par catégories.

basket – tennis – ski – restaurant – musées – promenades – cinéma – théâtre – danse – musique

SPECTACLES	SPORT	SORTIES
....	***football***	....
....	....	....
....	....	....
....	....	....
....	....	....

16■ Vous aimez ?

(***) *adorer* / (**) aimer bien / (–) ne pas aimer du tout / (– –) détester.
Ex. : Le football (***) : ***J'adore le football.***

a. Le théâtre (– –) : ....
b. Le cinéma (**) : ....
c. Les promenades (–) : ....
d. Le basket (***) : ....
e. La danse (–) : ....
f. La musique (**) : ....

17■ Posez les questions et notez les réponses.

(*) détester – (**) aimer bien – (***) adorer
Ex. : Vous aimez travailler ?
→ *ELLE :* ****Non, je déteste travailler.*** → *LUI :* *****Oui, j'aime bien travailler .***

....
....
....

	ELLE	LUI
Travailler	*	** ....
Regarder la télévision	**	* ....
Le cinéma	**	** ....
Lire	**	* ....
Les promenades	*	** ....
Le sport	**	*** ....
Apprendre le français	***	** ....

grammaire

18■ Répondez.

Ex. : Vous aimez travailler ?
– (***) *J'aime beaucoup travailler.* (**) *J'aime bien travailler.* (*) *Je n'aime pas du tout travailler.*

a. Vous aimez lire ? (**) – ....
b. Vous aimez jouer ? (***) – ....
c. Vous aimez regarder la télévision ? (*) – ....
d. Vous aimez apprendre le français (**) – ....

19■ Complétez.

J'aime bien ***le*** cinéma et j'adore .... opéra.

J'aime aussi .... danse. Mais .... déteste les voyages et .... promenades.

Je n'aime pas beaucoup .... basket, je préfère .... tennis et .... football.

20■ Répondez.

Ex. : Tu aimes la télévision ? (regarder) → ***Oui, j'aime regarder la télévision.***

a. Tu aimes la radio ? *(écouter)* – ....

b. Tu aimes les livres ? *(lire)* – ....

c. Tu aimes le français ? *(apprendre)* – ....

d. Tu aimes la musique ? *(écouter)* – ....

écrit

21■ Vous écrivez une lettre. Vous parlez de vos sports et activités préférés.

J'aime bien apprendre le français. ....

....

....

....

4 parler de son travail

vocabulaire

22■ Classez les professions.

Fonctionnaire : ***professeur.***

Employé : ....

Profession libérale : ....

Profession artistique ou médiatique : ....

architecte – ingénieur – cuisinier – infirmier – journaliste – médecin – professeur – sculpteur – comédien – directeur artistique – financier – informaticien – secrétaire – présentateur...

23■ Des professions au féminin.

Ex. : un architecte : ***une architecte.***

a. un ingénieur : ....

b. un infirmier : ....

c. un professeur : ....

d. un informaticien : ....

e. un policier : ....

f. un médecin ....

g. un journaliste ....

h. un homme politique : ....

24■ Petites annonces. Complétez.

Ex. : Directeur de production cherche des ***comédiens*** *et des* ***comédiennes*** *pour casting.*

a. Restaurant cherche un ou une ....

b. Hôpital cherche deux .... et quatre ....

c. Lycée cherche deux ...., homme ou femme.

d. *Paris-Match* cherche un .... ou une ....

e. Société cherche une .... bilingue franco-espagnole.

grammaire

25 ■ Répondez.

Ex. : Votre profession ? – ***Je suis secrétaire, je travaille dans une banque.***

a. Votre profession ? *(professeur, lycée)*

– ....

b. Votre profession ? *(architecte, bureau)*

– ....

c. Votre profession ? *(infirmier, hôpital)*

– ....

d. Votre profession ? *(cuisinier, restaurant)*

– ....

e. Votre profession ? *(journaliste, journal)*

– ....

26 ■ « Connaître » ou « savoir » ? Complétez.

– Vous .... un bon médecin ? – Oui, et je .... où il habite.
– Vous .... aussi où il travaille ? – Non, je .... ; mais je ....
un ami du médecin, le docteur B. Vous .... le docteur B ? C'est un médecin célèbre.

27 ■ Complétez et accordez.

Ex. : Je suis médecin, c'est ***un métier (une profession) utile***.

a. Moi, je suis professeur, c'est un .... *(intéressant)*.

– Et vous ?

b. Moi, je suis infirmière c'est une .... *(difficile)*.

– Et vous ?

c. Moi, je suis médecin, c'est aussi un .... *(difficile)*.

– Et vous ?

d. Moi, je suis présentatrice, c'est une .... *(ennuyeux)*.

28 ■ Complétez avec des verbes.

Je suis étudiante. Je voudrais .... journaliste. Je voudrais .... au journal *Le Monde* et .... à Paris. Je voudrais aussi .... des hommes et des femmes politiques et .... célèbre.

devenir – habiter – travailler – être – rencontrer

écrit

29 ■ Faites des projets.

Je voudrais ....

....

....

....

....

....

5 parler de ses activités

vocabulaire

30■ Choisissez dans cette affiche vos sports préférés.

GYMCLUB

SPORT ET CULTURE

– Moi, je fais du VTT.
– Et toi ? ....
– Moi, je voudrais faire de la natation.
– Et toi ? ....
– ....
– ....
– ....
– ....
– ....
– ....
– ....
– ....
– ....
– ....
– ....
– ....
– ....

31■ Trouvez le nom (en vous aidant de votre dictionnaire).

Ex. : danser : ***la danse.***

a. nager : .... **d** jouer : ....
b. skier : .... **e.** téléphoner : ....
c. voyager : .... **f.** écrire : ....

grammaire

32■ Complétez avec « aller à... », « aller au... », « aller à la... », « aller à l'... ».

Ex. : On ***va au*** *lac.*

a. Je .... cinéma .... Paris. **b.** On .... concert. **c.** Elle .... théâtre. **d.** Il .... mer. **e.** On .... restaurant. **f.** Tu .... hôtel ?

33■ « Aller à... » ou « aller en... » ?

Ex. : Maria ***va en*** *Italie.*

a. Et Inès ? *(Mexique)* .... **b.** Et Hugo ? *(Espagne)* ....
c. Et Mathieu ? *(musée)* .... **d.** Et Dominique ? *(montagne)* ....
e. Et Amélie ? *(opéra)* ....

34 ■ Répondez sur le même modèle.

Ex. : Est-ce que Inès va au cinéma ? **– Non, elle ne va pas au cinéma, elle va au concert.**

a. Hugo, tu aimes le canoë ? *(préférer le VTT)* – ……………………………………

b. Mathieu, il aime le sport ? *(aimer beaucoup le théâtre)* – ……………………………………

c. Dominique, vous aimez le tennis ? *(préférer faire - cheval)* – ……………………………………

35 ■ Transformez.

Ex. : Il aime la mer (aller) → ***Il aime aller à la mer.***

a. Elle adore le tennis *(jouer)* → ……………………………………

b. On préfère la musique *(écouter)* → ……………………………………

c. Elle n'aime pas les livres *(lire)* → ……………………………………

d. Ils adorent l'opéra *(aller)* → ……………………………………

36 ■ Conjuguez les verbes.

a. – Tu *(faire)* ……………… du sport ? – Moi je *(faire)* ……………… du VTT à la montagne.

b. – Tu *(aller)* ……………… au restaurant ou on *(aller)* ……………… au cinéma ? – Je *(préférer aller)* ……………… au cinéma.

c. – Tu *(aimer faire)* ……………… des voyages ? – Oui, j'aime bien, je *(aller)* ……………… au Maroc.

d. – Vous *(aller)* ……………… danser ? – Oh ! oui, on *(adorer danser)* ………………

écrit

37 ■ Carte postale. Vous êtes en vacances à la montagne, vous envoyez une carte postale à la classe.

……………………………………

……………………………………

……………………………………

……………………………………

6 parler de son pays, de sa ville

vocabulaire

38 ■ Éliminez l'intrus.

Ex. : lac, ~~montagne~~, mer.

a. rue, ville, village.

b. château, hôtel, cathédrale.

c. théâtre, cinéma, restaurant.

d. restaurant, métro, hôtel.

39 ■ Nommez dans la ville :

Ex. : trois lieux : ***place, rue, avenue.***

a. trois activités : ……………………………………

b. trois sorties : ……………………………………

c. trois moyens de transport : ……………………………………

d. deux monuments : ……………………………………

40 ■ Quel est le contraire de :

Ex. : une ville : ***un village.***

a. une avenue : ……………… **b.** le présent : ……………… **c.** vieux : ………………

d. grand : ……………… **e.** détester : ………………

grammaire

41 ■ Complétez.

« Chère Inès,

Hugo et moi, nous *(être)* .... en Provence. Nous *(habiter)* .... une maison dans un quartier agréable. Nous *(aller)* .... faire de la natation dans les lacs et nous *(faire)* .... du VTT. Nous *(visiter)* .... de jolis villages et nous *(adorer)* .... regarder les habitants aller travailler.

Maria »

42 ■ Hugo et Thomas répondent à une interview.

Ex. : Vous travaillez dans le cinéma ? – Oui, nous ***sommes*** *comédiens.*

– Vous avez du travail ?
– Oui, nous .... du travail.

– Vous aimez beaucoup cette profession ?
– Oui, nous .... ce métier.

– Vous allez faire les castings ?
– Oui, nous .... les castings.

– Vous répétez beaucoup ?
– Oui, nous .... beaucoup.

– Et vous jouez aussi à la télévision ?
– Oui, nous .... à la télévision, mais nous .... le cinéma.

43 ■ Parlez de la profession de Hugo et Thomas.

Hugo et Thomas *(travailler)* ***travaillent*** dans le cinéma. Ils *(être)* .... comédiens. Ils *(avoir)* .... beaucoup de travail et ils *(aimer)* .... beaucoup ce métier. Ils *(faire)* .... les castings et ils *(répéter)* .... beaucoup. Ils *(jouer)* .... aussi à la télévision, mais ils *(préférer)* .... le cinéma.

44 ■ Présentez-vous.

Je m'*(appeler)* .... J'*(avoir)* .... ans. Je (*être* + métier) .... J'*(habiter)* .... à .... J'*(étudier)* .... le français. Je *(faire)* .... du sport. Je *(préférer)* .... le/la .... Je *(aller)* .... aussi au spectacle. J'*(aimer bien)* .... le/la .... En vacances j'*(adorer)* .... la (mer/montagne) et je *(détester)* .... J'*(aimer bien)* .... parler avec les habitants étrangers.

écrit

45 ■ Présentez votre ville ou village.

....
....
....
....
....

entraînement au DELF A1

Les épreuves orales de cette page sont à faire en classe avec votre professeur : les documents sonores se trouvent dans les cassettes collectives de Campus.

1 ÉCOUTEZ

(reportage sur Marseille, page 30)

Écoutez le reportage et notez vos réponses.

Marseille est une ville :
- ☐ du nord de la France
- ☐ du sud de la France
- ☐ de l'est de la France

Madame Guillaume :
- ☐ aime Marseille
- ☐ déteste Marseille
- ☐ préfère Nice

Marseille est une ville de :
- ☐ 300 000 habitants
- ☐ 1 000 000 d'habitants
- ☐ 1 300 000 habitants

Marseille c'est :
- ☐ Paris
- ☐ la Méditerranée
- ☐ l'Occident

À Marseille, les touristes vont voir :
- ☐ l'opéra
- ☐ le château d'If
- ☐ la mer

2 PARLEZ

Décrivez la ville française ou francophone où vous souhaitez habiter : la situation, les monuments, les activités, les loisirs.

3 ÉCRIVEZ

Voici une petite annonce :
Vous répondez et vous vous présentez.

❤ « Ingénieur, 30 ans, célibataire, méditerranéen, sportif, aime les voyages, les promenades, le cinéma, les petits restaurants, les soirées sympathiques. »

. . . .

. . . .

. . . .

. . . .

. . . .

. . . .

. . . .

. . . .

. . . .

1 dire la date

vocabulaire

1■ Regroupez les titres de ces films qui indiquent :

a. les saisons : ***Conte d'été,*** ....

b. les heures : ....

c. les mois : ....

d. les jours de la semaine : ....

e. la durée : ....

f. la situation dans le temps : ....

Une semaine de vacances ; Sonate d'automne ; Pas de printemps pour Marnie ; Vivement dimanche ; 3 h 10 pour Yuma ; Vendredi 13 ; C'est arrivé demain ; Quatorze juillet ; Paris au mois d'août ; La bonne année ; Samedi soir, dimanche matin ; Un cœur en hiver ; Un week-end sur deux ; Au revoir à lundi ; Le jour le plus long ; 37°2 le matin ; Hier, aujourd'hui, demain ; Mercredi ou la folle journée ; Le train de 8 h 47.

grammaire

2■ Complétez cet emploi du temps.

Du lundi 21 mai .... mercredi 23, je travaille à Nimes. .... mardi 29 mai, je suis à Montpellier. .... juin, j'ai deux semaines de vacances. .... mois de juillet, je vais présenter le film aux États-Unis. Je préfère aller en Australie pour le casting .... automne.

3■ Écrivez la question.

Ex. : ***Vous allez faire du ski, quand ?*** *– Nous allons faire du ski à Noël.*

a. .... ?

– Je suis à Paris le mardi 14.

b. .... ?

– Elle préfère aller à Lausanne en automne.

c. .... ?

– Je vais faire du tennis avant 10 heures.

d. .... ?

– Les magasins ouvrent à 9 heures et ferment à 19 heures.

e. .... ?

– L'usine ferme en août.

4■ Complétez.

Ex. : Tu vas faire du ski, quand ? – ***Je vais faire du ski en février.***

a. Tu es en vacances quand ?

– *(10-25 février)* ....

b. Tu ne préfères pas aller faire du ski en décembre ?

– *(Non, printemps)* ....

(décembre) .... je préfère aller dans les îles, à la Martinique.

c. Tu as aussi des vacances en décembre ?

– Oui, *(fêtes de Noël)* .... et .... 23 décembre .... 2 janvier, la société est fermée.

écrit

5■ Faites le portrait de quelques stars. Aidez-vous d'un dictionnaire.

Né en (année), en (mois), le (jour), en (saison).
Zinedine Zidane ; Jean Réno ; Céline Dion ; Philippe Stark ; Jean-Paul Gaultier.

....
....
....
....

6■ Une vie bien remplie. Racontez votre emploi du temps pour les prochains mois.

....
....
....
....

2 dire l'heure

vocabulaire

7■ Écrivez l'heure en toutes lettres.

a. Horaire des films :

Le pacte des loups : 12 h 20 ;16 h 30 ; 19 h 45 ; 22 h 10

....

Les rivières pourpres : 9 h 15 ; 13 h 30 ; 17 h 50, 20 h.

....

Le cinquième élément : 17 h 15 ; 19 h 30 ; 22 h 15.

....

b. Horaire des trains :

TGV Marseille-Paris : Marseille 8 h 15 ; Avignon 8 h 45 ; Paris 11 h 15.

....

c. Horaire des avions :

Paris-Madrid : 14 h 30-16 h 30

....

8■ Classez les horaires de l'exercice 7.

Matin : ***9 h 15*** ....

Après-midi : ***12 h 20*** ....

Soir : ....

9■ Une journée de travail. Racontez.

9 h travail ; 11 h pause ; 13 h déjeuner ; 18 h sortie du travail ; 19 h retour à la maison ; 20 h 30 spectacle ; 23 h coucher.

Je commence à travailler à 9 heures ....

....
....
....
....

grammaire

10■ Répondez.

Ex. : Quelle heure est-il ? (8 h) – ***Il est huit heures.***

a. Quelle heure est-il ? *(11 h 45)*
– ....

b. Quelle heure est-il ? *(10 h 30)*
– ....

c. Quelle heure est-il ? *(14 h 15)*
– ....

d. Quelle heure est-il ? *(13 h 30)*
– ....

11■ Vous êtes en avance ou en retard ? Faites comme dans l'exemple.

Ex. : C'est quelle heure ? (9 h 30/9 h 45)
– ***Il est neuf heure et demie.***
• ***Oh ! Je suis en avance, je travaille à dix heures moins le quart.***

a. C'est quelle heure ? (12 h 30/12 h 15)
– Il est ....
• Oh ! ...., je *(commencer à travailler)* ....

b. C'est quelle heure ? (13 h 45/14 h)
– Il est ....
• Oh ! ...., je *(répéter)* ....

c. C'est quelle heure ? (9 h/8 h 30)
– Il est ....
• Oh ! ...., je *(ouvrir le magasin)* ....

d. C'est quelle heure ? (19 h/18 h 30)
– Il est ....
• Oh ! ...., je *(finir de travailler)* ....

écrit

12■ Une folle journée. Faites le récit de cette journée.

Lundi 10 Septembre **2001** **Lundi 10 Septembre**

8 h 00	Bureau	**14 h 00**	
8 h 15		14 h 15	
8 h 30		*14 h 30*	
8 h 45		14 h 45	
9 h 00		**15 h 00**	
9 h 15		15 h 15	
9 h 30		*15 h 30*	
9 h 45		15 h 45	
10 h 00	Réunion Brésiliens	**16 h 00**	
10 h 15		16 h 15	Taxi
10 h 30		*16 h 30*	
10 h 45		16 h 45	
11 h 00		**17 h 00**	
11 h 15		17 h 15	
11 h 30		*17 h 30*	Aéroport
11 h 45		17 h 45	
12 h 00	Déjeuner japonais	**18 h 00**	
12 h 15		18 h 15	
12 h 30		*18 h 30*	
12 h 45		18 h 45	
13 h 00		**19 h 00**	
13 h 15		19 h 15	
13 h 30	Réunion Allemagne	*19 h 30*	
13 h 45		19 h 45	Vol Paris-Singapour
		20 h 00	

....
....
....
....
....
....
....
....
....
....
....
....
....
....
....
....
....
....

3 donner des informations sur son emploi du temps

vocabulaire

13■ Complétez avec « Attends », « Tiens ! », « Dis donc ! », « Fais attention ! »

Patrick et Nicolas :

« .... une seconde, j'ai un mél de la société de production. .... ils cherchent un informaticien. C'est pour toi ! Départ, demain, retour dimanche.
.... regarde ! .... il faut travailler en japonais ! »

grammaire

14■ Complétez avec « toi », « moi », etc.

Ex. : Tu pars ? Je viens avec ***toi****.*

– Dimanche on va chez .... ou chez .... ?
– Nicolas et Patrick viennent avec .... ?
– Ah non, c'est sans .... ! C'est un week-end pour nous deux.

15■ Complétez.

– Alors ? Ce voyage ?
– Je reste trois jours **à** Fort-de-France. Je pars le 7 .... la Réunion. J'arrive .... l'île Maurice le 10 ; je repars .... l'île Maurice le 12 et je vais .... Madagascar. Je reviens .... Madagascar et je repars .... l'île Maurice le 14 pour rentrer .... la Réunion le 16.
– Et tu rentres .... la Réunion quand ?

16■ « Venir » ou « aller » ?

– Ce soir on ***va*** au théâtre, vous ***venez*** ?
– Non, on .... au cinéma avec Julie et Patrick.
– Mais après, vous .... au restaurant chinois ?
– Non, on .... à la pizzeria avec eux.
– Ah bon, ils .... avec vous ?
– Oui, ils .... avec nous.

17■ Vrai ou Faux ?

Je suis à Montpellier :

	Vrai	Faux
Je reviens de Nîmes.	☒	☐
a. Je pars de Nîmes.	☐	☐
b. J'arrive à Montpellier.	☐	☐
c. J'arrive de Nîmes.	☐	☐
d. Je pars pour Nîmes.	☐	☐
e. Je rentre de Nîmes.	☐	☐
f. Je viens de Nîmes.	☐	☐
g. Je viens de Montpellier.	☐	☐

3 organiser son temps

écrit

18■ À pied, à cheval, en avion, en train, en voiture, décrivez un itinéraire de vacances en France que vous aimeriez faire.
Reportez-vous à la carte de France de votre livre.

....

....

....

....

....

....

....

....

....

....

....

4 invitations

vocabulaire

19■ Donnez un conseil : « devoir » ou « pouvoir » ?

Ex. : Pour bien parler français, tu ***dois*** *apprendre.*

a. Pour réussir, vous .... travailler.
b. Pour aller à Lyon, il .... prendre le train ou l'avion.
c. Pour être un chanteur célèbre, tu .... bien chanter.
d. Pour avoir un renseignement, elle .... écrire ou téléphoner.
e. Pour venir au cours de français, tu .... acheter un livre, un cahier d'exercices, une cassette.

20■ Choisissez, comme dans l'exemple.

Ex. : Boire un Coca ou un Perrier. → ***Tu veux boire un Coca ou un Perrier ?***

a. Être comédien ou médecin → ....
b. Faire du ski ou de la natation → ....
c. Aller à la montagne ou à la mer → ....
d. Partir en vacances ou travailler au bureau → ....

21■ Complétez avec « Merci », « Excusez-nous », « C'est possible », « D'accord », « Je voudrais bien ».

a. – On travaille ensemble ? – .... !
b. Nous ne pouvons pas venir, ...
c. – On peut déjeuner ? .... ? – Oui, bien sûr.
d. .... pour l'invitation.
e. .... je viens avec toi.
f. .... partir en vacances demain.

grammaire

22 ■ Répondez avec « D'accord » ou « C'est impossible ».

*Ex. : On va au restaurant ? – **D'accord**, je veux bien.*

a. On va faire du cheval ou du VTT ?

– ...., je pars à Genève.

b. Tu viens au cinéma ?

– ...., on va voir quel film ?

c. On va à Lisbonne ce week-end ?

– ...., je travaille.

d. Vous voulez venir chez moi ?

– .... Patrick vient aussi ?

23 ■ Pour exprimer un souhait : complétez.

*Ex. : Est-ce que vous **voulez** jouer avec moi ? – Oui, c'est possible.*

a. Est-ce que tu .... habiter chez moi ?

– Oui, je .... bien.

b. Est-ce que tu .... partir avec moi ?

– Désolé. Je ne peux pas.

c. Tu .... boire un café ou un thé ?

– Un café, merci.

d. Vous .... partir à la campagne avec nous ?

– Non, merci, je dois travailler.

24 ■ Proposer de faire quelque chose : transformez.

*Ex. : (venir demain) → **Tu peux venir demain ?***

a. *(travailler pour moi)* → Vous ....

b. *(regarder le film sans moi)* → Tu ....

c. *(venir lundi à 10 h)* → Vous ....

d. *(revenir de Madrid mardi)* → Vous ....

25 ■ Exprimez l'impossibilité : faites comme dans l'exemple.

Ex. : Désolée, je suis très occupée. Je dois travailler.

a. Impossible. *(partir à midi/je)* : ....

b. Excusez-moi, *(rester encore un mois/vous)* : ....

c. Désolé. *(habiter Paris/tu)* : ....

écrit

26 ■ Rédigez le carton d'invitation pour une fête avec des amis.

....

....

....

....

....

vocabulaire

27■ Complétez avec « oui », « si », « non ».

*Ex. : Vous n'avez pas en vie de faire du cinéma ? – **Si**.*

a. Vous détestez le café ?
– ...., j'adore !

b. Aimez-vous le spectacle ?
– ...., j'aime beaucoup.

c. Tu ne vas pas au cinéma ce soir ?
– ...., je viens.

d. Vous voulez un Coca ?
– ...., un Perrier.

e. Vous ne faites pas de ski ?
– ...., mais je fais aussi du VTT.

f. Vous ne connaissez pas l'Italie ?
– ...., je connais.

28■ « Aussi » ou « non plus » ? Faites comme dans l'exemple.

*Ex. : – J'ai un petit problème... – **Moi aussi.***
*– Je ne peux pas être à l'aéroport dimanche. – **Moi non plus.***

a. – Je n'ai pas d'assurance. Et vous ? – ....

b. – Elle aime le sport. Et lui ? – ....

c. – Il est célibataire. Et toi ? – ....

d. – Je suis fatiguée. Et vous ? – ....

e. – Je ne connais pas le nouveau directeur. Et toi ? – ....

f. – Tu pars en vacances ?
– Non. Et toi ? – ....

grammaire

29■ Écrivez la question.

*Ex. : **Patrick aime-t-il Julie ?** – Oui, Patrick aime Julie.*

a. Julie .... ?
– Oui, Julie doit venir.

b. Julie .... ?
– Oui, Julie écoute aussi de la musique.

c. Patrick .... ?
– Non, il ne fait pas non plus de ski.

d. Julie .... ?
– Oui, elle parle bien l'espagnol et le portugais.

30■ « Qui ? », « Quand ? », « Comment ? », « Où ? », « Quoi ? ». Trouvez les questions.

*Ex. : **Tu travailles demain ?** – Non, je ne travaille pas demain.*

a. ....
– Je pars en week-end.

b. ....
– Je vais en Corse en avion.

c. ....
– Je vois la compagnie mercredi.

d. ....
– Je viens avec les informaticiens et les ingénieurs.

31 ■ Dites-le autrement.

Ex. : Que faites-vous ? → ***Vous faites quoi ?***

a. Où allez-vous ? → ....

b. Quand viennent-ils ? → ....

c. Comment joue-t-elle ? → ....

d. Qui vient avec lui ? → ....

e. Que désirez-vous ? → ....

écrit

32 ■ L'interview.

À l'aide des questions avec « que », « qui », « où », « quand », « comment », préparez les questions de l'interview de votre vedette préférée (sport, cinéma, chanson, etc.). Rédigez les réponses.

....

....

....

....

....

6 faire un programme d'activités

vocabulaire

33 ■ Organisez le programme de votre journée à Avignon.

20 h
cachots et cachotteries, par Ilotopie
(fort Saint-André).

22 h
Boris Godounov de Pouchkine,
mise en scène de Declan Donnellan
(Usine Volponi).

21 h 30
La Mort de Danton,
mise en scène
Thomas Ostermeier
(cour du lycée Saint-Joseph).

17 h
Rencontres du Verger :
rencontre avec Pierre Arditi et l'équipe de L'École des femmes.

11 h
Pierrette Dupoyet :
Avant l'aube
(cinéma Vox).

22 h
L'École des femmes
(cour d'honneur
du palais des Papes).

15 h
Brigitte Fossey lit
Je pense à toi
de Frank Smith
(Maison Jean Vilar).

HEURE	SPECTACLES	LIEUX
11 h	*Avant l'aube*	cinéma Vox
....	....	....
....	....	....
....	....	....
....	....	....
....	....	....
....	....	....

grammaire

34■ Répondez.

Ex. : Tu vas partir en vacances quand ? (Demain) – ***Demain, je vais partir en vacances.***

a. Tu vas voir le spectacle quand ? *(demain 11 h)*

– ....

b. Quand est-ce que tu vas déjeuner avec lui ? *(jeudi)*

– ....

c. Tu vas l'appeler quand ? *(cet après-midi à 17 h)*

– ....

d. Vous allez regarder le match à la télévision ? *(non)*

– ....

e. Et vous allez tourner un nouveau film ? *(à partir de janvier)*

– ....

f. Vous allez traduire son nouveau livre en français ? *(oui)*

– ....

35■ Qui fait quoi ?

Ex. : ***Moi,*** *j'organise !*

.................., tu écris les invitations, Paul, ... va chercher les programmes ; Julie, ..., répète le spectacle ; ...., je vais travailler à la société de production. ...., Patrick, tu viens avec ....

36■ Présentez le programme de la journée « Nature et découvertes ».

7 h Départ de Nîmes en autobus.
9 h Arrivée à Vallon-Pont-d'Arc et petit déjeuner.
10 h Descente de l'Ardèche en canoë.
13 h Déjeuner.
15 h Visite d'Aubenas.
17 h Temps libre.
19 h 30 Dîner
21 h Spectacle avec Jean-Louis Trintignant et Marie Trintignant : Poèmes à Lou d'Apollinaire.
00 h Retour à Nîmes.

Nous allons partir de Nîmes à ....

écrit

37■ Accepter/Refuser

Salut Patrick, Salut Julie,
Vous venez pour le week-end ? On va faire la fête… Au programme, salsa, cheval, vélo, piscine, restaurant.
Rendez-vous au château.
Venez vite.

Répondez à ce mél : Patrick accepte, Julie refuse.

....

entraînement au DELF A1

Les épreuves orales de cette page sont à faire en classe avec votre professeur : les documents sonores se trouvent dans les cassettes collectives de Campus.

1 ÉCOUTEZ

(enregistrement, page 37)

Écoutez les scènes de l'enregistrement et notez ce qui se passe à :

8 h : ....

9 h 30 : ....

10 h : ....

10 h 35 : ....

12 h 30 : ....

18 h : ....

2 PARLEZ

Présentez le programme de la journée.

6 h : départ pour l'aéroport

7 h 30 : embarquement vol AF 522 Paris-Marseille

9 h : arrivée Marseille

10 h : visite du Vieux Port

12 h : restaurant « chez Marius et Fanny »

14 h 30 : départ en bateau et visite du célèbre Château d'If

16 h : retour et montée à pied à Notre-Dame de la Garde dite « la bonne mère »

19 h : stade Vélodrome : match de football Marseille/Real de Madrid

23 h : retour.

3 ÉCRIVEZ

C'est votre anniversaire ; vous invitez vos amis pour une grande fête le dimanche de midi à minuit. Rédigez l'invitation.

....

....

....

....

....

....

....

....

1 s'orienter

vocabulaire

1■ Vous allez place Louis XV. Indiquez l'itinéraire à l'aide du plan.

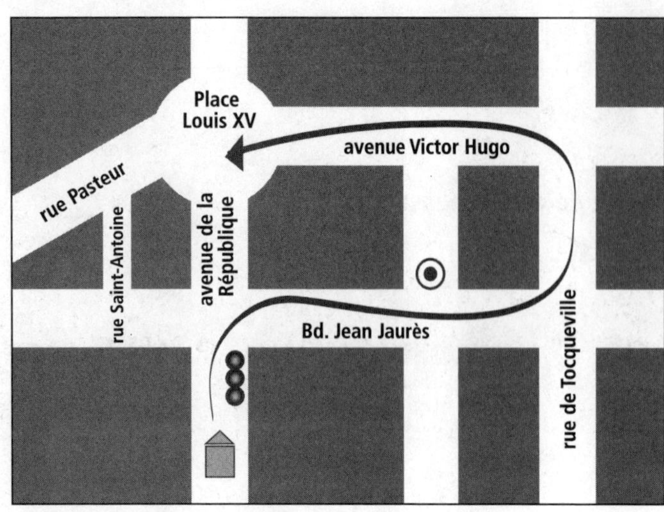

Pour aller place Louis-XV, ... l'avenue de la République, au feu, ... à droite. Vous .... ensuite la deuxième rue à .... Vous êtes rue de Tocqueville. Vous .... et vous ...., avenue Victor-Hugo. Vous .... jusqu'à la place Louis-XV.

grammaire

2■ Complétez avec « ce », « cette », « cet »...

*Ex. : Tu connais **cette** rue ?*

a. Vous aimez .... musique ?
b. Tu as envie de .... livre ?
c. Vous voyez .... maison là-bas ?
d. Tu habites .... quartier ?
e. Tu comprends .... mot ?
f. J'adore .... exposition.
g. Tu connais .... opéra ?

3■ « Ce » « cet » « cette » ou « un » « une » « le » « la » ?

*Ex. : J'habite à Nancy. – Oh ! c'est amusant, j'ai un très bon ami dans **cette** ville.*

a. Tu connais .... film ? – Oui, c'est .... film de François Truffaut.
b. Tu as .... numéro de téléphone de .... acteur espagnol ?
c. Je voudrais .... renseignement sur .... monument.
d. Je cherche l'adresse d' .... hôtel agréable.
e. Tu pars en vacances .... été ? – Oui, je fais .... tour du monde.
f. Tu vois .... maison ? C'est .... maison d' .... chanteuse célèbre.

4■ Comptez avec des titres de films. Complétez.

*Ex. : Au cinéma, je voudrais voir **La (1) première fois.***

a. Le (2) .... souffle – **b.** La (2) .... épouse – **c.** Le (3) .... homme – **d.** Le (4) .... protocole – **e.** Le (5) .... élément – **f.** Le (6) .... sens – **g.** La (7) .... aube – **h.** Le (8) .... jour – **i.** La (9) .... porte – **j.** La (10) .... victime – **k.** Le .... métro.

5■ Pour en savoir plus : posez les questions.

*Ex. : **Tu connais cette place ?** – Oui, c'est la place de la Comédie.*

a. ....

– Oui, c'est la maison de Pierre.

b. ....

– Oui, c'est le château de Versailles.

c. ....

– Oui, c'est l'adresse de Patrick.

d. ....

– Oui, c'est l'Hôtel des Bains.

e. ....

– Oui, ce sont des sculptures de Maillol.

écrit

6■ C'est ici !

Vous invitez des amis à la campagne. Vous leur indiquez l'itinéraire. Faites un plan puis décrivez le plan.

....

....

....

....

situer

vocabulaire

7■ Situez : complétez avec « devant », « derrière », « au bord de », « à côté de », etc.

a. L'hôtel est ***au milieu du*** parc. La piscine est .... l'hôtel. ...., il y a une cascade. Le tennis est .... l'hôtel.

b. .... l'hôtel, il y a deux fontaines et, ... route, il y a des arbres. Le parking est .... du parc de l'hôtel. Il faut traverser la route.

8■ Est, Ouest, Nord ou Sud ? Aidez-vous de la carte du livre et complétez.

*Ex. : La Vendée est une région de l'**Ouest***

a. La Bretagne est une région de ....

b. Lille est une ville du ....

c. Le Pont-du-Gard est un monument du ....

d. Les Vosges sont des montagnes de ....

9■ Sur la carte. Complétez à l'aide des mots de la liste.

Le Rhin est .... l'Alsace et l'Allemagne.

La Corse se trouve .... de la mer Méditerranée.

Genève est .... du lac Léman.

Avignon est .... de Marseille.

Toulouse est .... l'océan Atlantique et la mer Méditerranée.

Orléans est .... de Paris.

Roubaix est .... Lille.

au milieu – entre – à côté de – au nord – entre – au sud – au bord.

grammaire

10■ Répondez.

Ex. : Où se trouve la cassette ? (au-dessus) – ***Au-dessus*** *du magnétoscope.*

a. Où est le bureau du directeur ? *(en face)*

– .... la télécopie !

b. Je cherche la télécopie ? *(devant)*

– .... toi !

c. Pierre, tu habites où ? *(à côté)*

– L'appartement .... Julie.

d. Excusez-moi, le cinéma ? *(derrière)*

– .... vous.

écrit

11■ Dessinez le plan de votre quartier et situez votre immeuble, les commerces, l'école, la poste, les banques.

....

....

....

....

....

....

....

....

....

....

vocabulaire

12 ■ Choisissez un mot de la liste pour compléter.

*Ex. : Immeuble ou **maison** ?*

a. Studio ou .... ?

b. Ville ou .... ?

c. Centre ou .... ?

d. Mer ou .... ?

e. Isolé ou .... ?

banlieue – montagne – appartement – près du centre – campagne.

13 ■ Opposez à l'aide des mots de la liste.

*Ex. : ancien ≠ **moderne.***

a. pratique ≠ ....

b. neuf ≠ ....

c. confortable ≠ ....

d. calme ≠ ....

e. clair ≠ ....

bruyant – sombre – peu pratique – inconfortable – vieux.

14 ■ Décrivez l'appartement ci-dessous. Trouvez les différentes pièces et situez-les.

*Ex. : On arrive dans **l'entrée.***

chambre
salon
salle à manger
bureau
salle de bain
rangement
entrée
cuisine
toilettes

À droite, il y a .... et .... À gauche, on trouve .... En face, on entre dans .... et .... Le bureau est à côté de .... et la chambre est ....

grammaire

15 ■ Complétez avec les verbes entre parenthèses.

a. Patrick et Julie *(louer)* .... un appartement en ville ?

b. Vous *(acheter)* .... un appartement ?

c. Pierre et moi, nous *(acheter)* .... un studio à un informaticien.

d. – Tu *(vendre)* .... une maison à la campagne ? – Oui, nous *(vendre)* ....

e. – Vous *(habiter)* .... dans Paris ? – Oui, nous *(habiter)* .... dans une villa, cité des Fleurs.

f. – Qui *(louer)* .... cet appartement ? – Patrick et moi, nous *(louer)* .... cet appartement.

16 ■ Accordez les adjectifs.

Nous habitons un *(grand)* .... appartement dans une maison *(neuf)* .... La maison est *(isolé)* .... mais près du centre et la rue est *(calme)* .... Les pièces sont *(clair)* .... et *(confortable)* .... Et la salle de bains et la cuisine sont *(pratique)* ....

écrit

17■ Vous cherchez une maison, un studio ou un appartement pour les vacances. Écrivez à une agence.

....

....

....

....

18■ Vous voulez échanger votre maison, votre studio ou votre appartement. Rédigez l'annonce. (Vous précisez la ville, le lieu, le nombre de pièces, le confort, les autres qualités.)

....

....

....

....

4 exprimer la possession

vocabulaire

19■ Faites correspondre les situations et les dialogues.

1. Et ça c'est mon quartier ; voici ma maison et mon jardin.

2. Non, ça c'est à moi ; c'est mon cahier, c'est mon stylo et c'est mon dictionnaire.

3. Votre femme ? Oui, je vous présente Barbara, et voici mon fils et ma fille.

4. C'est ton collègue ? Oui, c'est notre informaticienne. Et elle ? Elle, c'est ma secrétaire.

5. On prend ta voiture ? Non on prend un taxi.

grammaire

20 ■ Répondez.

Ex. : C'est l'appartement de Barbara, Tristan et Pierre ? – ***Oui, c'est leur appartement.***

a. C'est le manteau de la copine de Pierre ? – ....

b. C'est la maison de Patrick ? – ....

c. C'est ton dictionnaire ? – ....

d. C'est l'adresse de Maria ? – ....

e. C'est votre femme ? – ....

f. Ce sont les affaires de Barbara et Tristan ? – ....

21 ■ Complétez.

Ex. : Dites, c'est ***votre*** *maison, là ? – Non, ce n'est pas* ***ma*** *maison.*

a. Vous pouvez me donner .... numéro de téléphone ? – .... numéro de téléphone ? 01 45 87 44 00

b. Dis, quel est .... acteur préféré ? – .... acteur préféré est Antonio Banderas.

c. Tu habites avec .... amie ? – Oui, elle habite avec moi. .... appartement est à Montmartre.

d. Tu connais Barbara et Tristan ? Et tu connais .... maison ?

22 ■ Répondez.

Ex. : C'est ton dictionnaire ? – ***Oui, il est à moi.***
C'est ton portable ? – ***Non, il n'est pas à moi.***

a. Ce sont vos livres ? – Oui, ...

b. Ce sont leurs CD ? – Oui, ...

c. C'est le parfum de Barbara ? – Oui, ...

d. C'est son appartement ? – Oui, ...

e. C'est son stylo ? – Non, ...

f. Ce sont vos livres ? – Non, ...

g. Ce sont leurs affaires ? – Non, ...

23 ■ Répondez.

Ex. : Ce portable est à toi ? – ***Oui, c'est mon portable.***

a. Ce livre est à toi ? – Oui, ...

b. Ce stylo est à elle ? – Oui, ...

c. Ces affaires sont à vous? – Oui, ...

d. Ce dictionnaire est à moi ? – Oui, ...

e. Cette maison est à lui ? – Oui, ...

écrit

24 ■ Faites une affiche publicitaire pour votre ville ou votre région (sur le modèle de votre livre de classe).

....

....

....

....

5 connaître les rythmes de vie

vocabulaire

25■ Classez les activités.

a. Activités professionnelles : ***partir au travail***, ...

b. Activités personnelles : ***dîner***, ...

c. Activités de loisirs : ***aller à la piscine***, ...

dîner – regarder la télévision – prendre son petit déjeuner – travailler – prendre une douche – partir au travail – se promener – faire du sport – faire des courses – déjeuner – se coucher – dormir – faire sa toilette – rencontrer un architecte – aller à la piscine – voir une exposition – voir le directeur – dîner avec des amis chez soi – aller au cinéma.

26■ Classez les actions dans l'ordre chronologique et remplacez les verbes par des noms.

revenir de Barcelone – prendre son petit déjeuner – se lever – prendre l'avion pour Barcelone – déjeuner – dîner – se coucher.

1. *lever* ; 2. ....

....

....

....

....

grammaire

27■ Répondez par « oui » ou par « non » et complétez.

*Ex. : Vous vous levez tôt ? – **Oui, je me lève tôt.***

a. Tu te couches tard ? – Oui, ...

b. Ils se reposent l'après-midi ? – Oui, ...

c. Barbara et toi, vous vous promenez le week-end ?

– Oui, ...

d. Nous nous rencontrons chez elle ?

– Non, ...

e. Tu t'appelles Barbara ?

– Oui, ...

28■ Dites-le autrement.

*Ex. : Tu te lèves tôt ? → **À quelle heure te lèves-tu ?***

a. Vous vous couchez tard ?

→ ....

b. Il s'appelle Pierre ?

→ ....

c. Nous nous promenons avec des amis.

→ ....

d. Ils se reposent l'après-midi

→ ....

e. Elles se rencontrent chez moi.

→ ....

29 ■ Posez la question.

Ex. : ***Elle aime se lever tard ?*** *– Non, elle n'aime pas se lever tard.*

a. .... ?

– Non, je ne veux pas me reposer.

b. .... ?

– Non, nous ne devons pas vous appeler.

c. .... ?

– Non, nous n'allons pas nous rencontrer.

d. .... ?

– Non, elle ne peut pas s'habiller.

écrit

30 ■ Une journée bien remplie. Racontez votre journée habituelle. (Utilisez le vocabulaire des exercices 25 et 26.)

....

....

....

....

6 fixer des règles

vocabulaire

31 ■ C'est interdit.

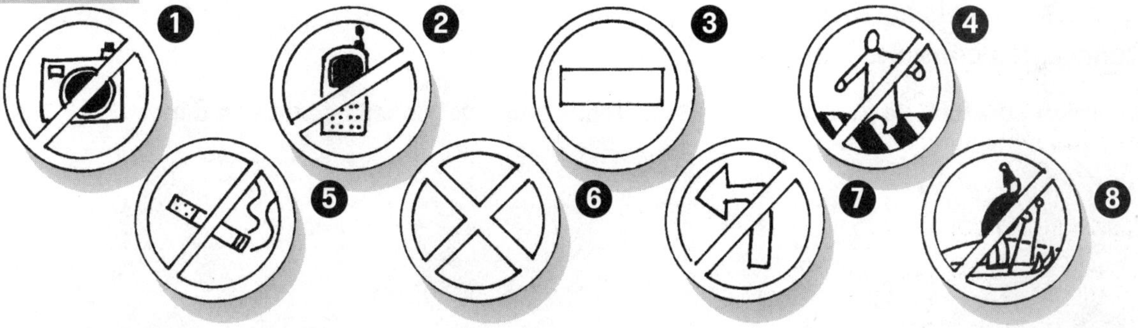

1 2 3 4 5 6 7 8

Il ne faut pas : ***1. prendre des photos*** ....

....

....

grammaire

32 ■ Vous vous absentez quelques jours. Vous laissez une liste de conseils à vos enfants. Utilisez l'impératif comme dans l'exemple.

Ex. : Il faut te lever tôt. → ***Lève-toi tôt !***

a. Il faut prendre ta douche. → ....

b. Il faut t'habiller. → ....

c. Il faut aller à l'école. → ....

d. Il faut faire les courses. → ....

33 Transformez.

Ex. : Il ne faut pas utiliser mon portable. → ***N'utilise pas mon portable !***

a. Il ne faut pas te réveiller tard.

→ ....

b. Il ne faut pas partir tôt.

→ ....

c. Il ne faut pas suivre cette route.

→ ....

d. Il ne faut pas prendre cette rue.

→ ....

e. Il ne faut pas voir ce film.

→ ....

f. Il ne faut pas t'asseoir ici.

→ ....

34 Vous dites à un(e) ami(e) ce qu'il faut faire pour être en forme.

Pour être en forme :

(se lever tôt) → ***Levez-vous tôt.***

a. *(prendre un bon petit déjeuner)* → ....

b. *(faire du sport)* → ....

c. *(déjeuner léger)* : ....

d. *(ne pas sortir le soir)* → ....

e. *(bien dormir)* → ....

écrit

35 Donnez des conseils.

a. Un(e) ami(e) part faire de la marche au Tibet. Donnez-lui huit conseils avant son départ.

....

....

....

....

....

b. Un ami veut faire du sport, donnez-lui des conseils.

(être en forme) → ***Il faut être en forme.***

se coucher tôt – boire de l'eau – manger léger – faire de la gymnastique – etc.

....

....

....

....

....

Unité 4

entraînement au DELF A1

Les épreuves orales de cette page sont à faire en classe avec votre professeur : les documents sonores se trouvent dans les cassettes collectives de Campus.

1 ÉCOUTEZ

(reportage « 24 heures à Paris », page 56)

Vrai ou faux ?

	VRAI	FAUX
La boulangerie ouvre à 16 h.	☐	☐
L'homme du café doit être au travail à 6 h.	☐	☐
La collégienne fait ses devoirs à 16 h 30.	☐	☐
Le bureau de poste ouvre à 9 h.	☐	☐
La secrétaire travaille tout le temps.	☐	☐
20 h, c'est l'heure du journal télévisé.	☐	☐

2 PARLEZ

Le téléphone portable, c'est bien pratique ! Une amie s'est perdue. Elle se trouve place de la Comédie. Vous lui indiquez au téléphone l'itinéraire pour arriver chez vous, rue Proudhon (suivez l'itinéraire du plan ci-contre).

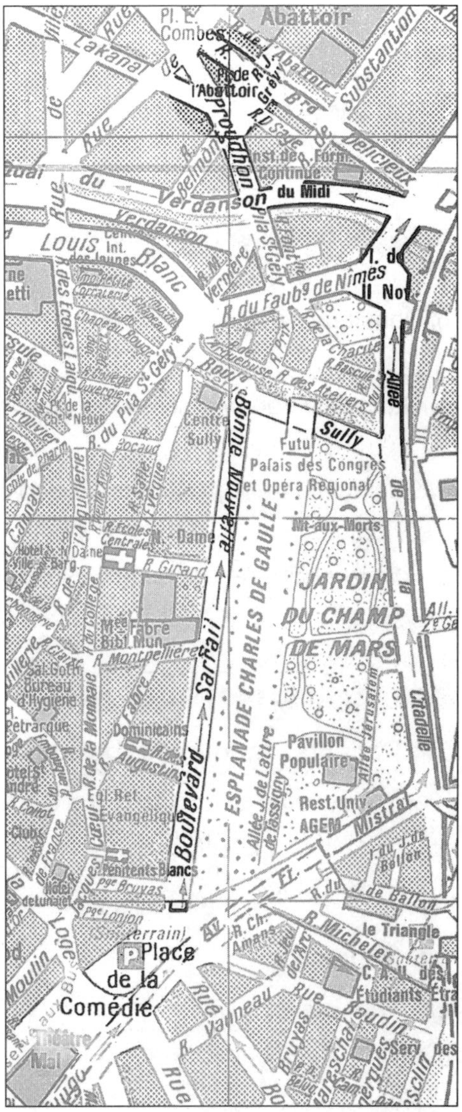

3 ÉCRIVEZ

« Bienvenue à ..... Attention ! Il fait 35° ou -10°... » Vous habitez dans un pays très chaud ou très froid et vos amis viennent vous rendre visite. Vous leur envoyez une lettre où vous leur donnez quelques conseils pour faire leurs valises.

....

....

....

....

....

....

....

....

1 dire ce qu'on fait

vocabulaire

1■ Lisez le CV de la jeune comédienne et répondez aux questions.

Sandrine TITOU
Comédienne, 23 ans
1994-1997 : élève du Cours Florian, cours d'art dramatique
1997-1998 : téléfilm policier *La Menace* (secrétaire)
1998-1999 : cinéma : *Grand Hôtel* (chanteuse)
2000 : film *La Leçon* (rôle principal : l'étudiante)
2001 : César meilleure jeune comédienne pour *Un été à Paris* (femme politique)

a. Quand Sandrine Titou a-t-elle été élève du Cours Florian ?

....

b. Dans quel téléfilm a-t-elle eu son premier rôle ?

....

c. Quel a été son premier métier au cinéma ?

....

d. Quel rôle a-t-elle joué dans *La leçon* ?

....

e. Pour quel film a-t-elle eu le César de la meilleure jeune comédienne ?

....

grammaire

2■ Racontez la journée d'Arnaud en complétant le texte.

Hier, j'***ai travaillé*** jusqu'à 19 h. J'ai *(faire)* .... la traduction du logiciel. À 13 h, j'ai *(déjeuner)* .... avec un client. Puis j'*(lire)* .... le nouveau projet. À 16 h, j'*(voir)* .... ma directrice et nous *(regarder)* .... le nouveau logiciel. Elle *(trouver)* .... le logiciel très bien. Moi aussi j'*(bien aimer)* ....

3■ Répondez.

Ex. : Vous avez trouvé un appartement ? – ***Non, je n'ai pas trouvé d'appartement.***

a. Vous avez travaillé hier ?

– Non, ...

b. Il a rencontré les nouveaux commerciaux ?

– Non, ...

c. Tu as vu le nouveau film de Luc Besson ?

– Non, ...

d. Ils ont fini la leçon ?

– Non, ...

4■ Trouvez les questions.

Ex. : ***Vous avez rencontré Desnoyer ?*** *– Oui, j'ai rencontré Desnoyer.*

a. ....?

– Oui, j'ai entendu le concert.

b. ....?

– Elle a visité le Salon avant-hier.

c. ....?

– J'ai vu la nouvelle exposition à Paris.

d. ....?

– Nous avons bien aimé le film.

écrit

5■ Racontez le voyage.

1er juillet : visite du château de Versailles
2 juillet : *Carmen* à l'opéra
3 juillet : exposition Picasso
4 juillet : bateau sur la Seine
5 juillet : départ par le TGV pour Marseille
6 juillet : rencontre avec mon ami Tristan
7 juillet : match de football de l'OM.

....
....
....
....
....
....
....
....

6■ Vous êtes en vacances... Vous écrivez vos impressions à vos amis, parents (où ? quand ? quoi ?).

....
....
....
....

s'informer sur un emploi du temps passé

vocabulaire

7■ Classez les verbes de la liste.

a. Verbes qui expriment le mouvement : ***se promener***, ...

b. Verbes qui expriment le temps : ....

se réveiller – venir – aller – se promener – mourir – rentrer – se passer – sortir – arriver – rester – descendre – naître.

grammaire

8■ Complétez avec les verbes entre parenthèses.

Je *(se réveiller)* .... à 6 heures. Je *(s'habiller)* .... et je *(sortir)* .... Avec Pierre, nous *(se promener)* .... dans la montagne. Nous *(arriver)* .... au sommet vers 8 heures. Nous *(rentrer)* .... vers 9 heures Je *(se laver)* .... puis je *(aller prendre)* .... un petit déjeuner au café.

9■ Posez la question à l'aide de « quand ? », « comment ? », « où ? », etc.

Ex. : ***Quand*** *s'est-il réveillé ? – Il s'est réveillé à 6 heures.*

a. ....

– Il s'est promené au bord de la mer.

b. ....

– Je me suis couché tôt.

c. ....

– Nos vacances se sont bien passées.

d. ....

– Ils se sont rencontrés il y a deux ans.

e. ....

– Nous nous sommes connus au bureau.

10■ Répondez.

Ex. : Tu es allé en Italie ? – ***Non, je ne suis pas allé en Italie.***

a. Vous avez rencontré mon directeur ?

– Non, ...

b. Il a écouté le nouveau disque de Manu Chao ?

– Non, ...

c. Elle est mariée ?

– Non, ...

d. Vous vous êtes promenés au bord de la mer ?

– Non, ...

e. Tu as appelé l'hôtel ?

– Non, ...

écrit

11■ Que s'est-il passé ? Racontez.

....

....

....

....

....

....

3 expliquer

vocabulaire

12■ Classez les activités.

a. Activités sportives : ***judo***, ...

b. Activités culturelles : ....

c. Activités sociales : ....

judo – piano – football – peinture – basket – cinéma – danse – éducation religieuse – lecture – piscine.

13■ Qu'est-ce que tu fais ? Répondez.

Ex. : Judo : ***– Je fais du judo.***

a. Piano : – ....

b. Lecture : – ....

c. Cinéma : – ....

d. Piscine : – ....

e. Exposition : – ....

f. Leçon : – ....

g. Vidéo : – ....

h. Disque : – ....

grammaire

14■ Répondez.

Ex. : Pourquoi Pascal va chez le médecin ? (malade) – ***Parce qu'il est malade.***

a. Pourquoi Pierre visite Nancy ? *(habiter)*

....

b. Pourquoi Stéphane parle en espagnol à Inès ? *(comprendre)*

....

c. Pourquoi Bruno part en vacances ? *(fatigué)*

....

d. Pourquoi Marie rentre tard le soir ? *(beaucoup travailler)*

....

e. Pourquoi Brigitte s'est levée tôt ? *(partir en voyage)*

....

15■ Trouvez la bonne raison. Aidez-vous de la liste.

Ex. : Pourquoi Céline part aux États-Unis ? – ***Pour apprendre l'anglais.***

a. Pourquoi Patrick va au restaurant ?

....

b. Pourquoi Stéphane préfère rester à la maison ?

....

c. Pourquoi Lise téléphone à Daniel ?

....

d. Pourquoi Bruno invite ses amis ?

....

e. Pourquoi Patrick va au Salon ?

....

s'excuser d'être en retard – regarder la télévision – déjeuner avec son directeur – faire la fête – montrer un nouveau logiciel.

16 « Pour » ou « parce que » ? (Revoyez les leçons 5.1 et 5.2.)

a. Pourquoi Arnaud connaît le nouveau commercial de Technimage ?

....

b. Pourquoi Stéphane a appelé Céline ?

....

c. Pourquoi Stéphanie est rentrée à 7 heures ?

....

d. Pourquoi Alain s'est levé à 7 heures ?

....

e. Pourquoi est-elle restée à l'hôtel ?

....

écrit

17 Imaginez pourquoi et pour quoi faire.

Non, je ne peux pas partir en vacances ....

....

Non, je n'ai pas présenté le nouveau logiciel ....

....

Non, je n'ai pas rencontré Stéphanie ....

....

4 exprimer le doute ou la certitude

vocabulaire

18 « Possible » ou « impossible » ?

*Ex. : Ce soir nous vous invitons. – **Impossible**, nous allons au cinéma.*

a. Quand venez-vous ?

– Mardi, c'est ....

b. Tu as rencontré Patrick à Paris il y a deux ans ?

– ...., je ne suis pas allé à Paris il y a deux ans.

c. Tu viens faire les courses avec moi ?

– ...., je vais jouer au tennis.

d. Vous allez en Espagne cet été ?

– ...., nous avons envie de soleil.

e. On déjeune ensemble demain ?

– .... mais vers 13 h 30.

grammaire

19 Répondez à l'aide de « rien » ou « personne ».

*Ex. : Tu connais quelqu'un ici ? – **Non, personne.***

a. Vous avez rencontré quelqu'un ?

– Non, ...

b. Elle a entendu quelque chose ?
– Non, ...
c. Tu as vu quelque chose ?
– Non, ...
d. Il a parlé à quelqu'un ?
– Non, ...
e. Tu entends quelque chose ?
– Non, ...

20■ Répondez avec « ne ... rien » ou « ne ... personne ».

Ex. : Tu as vu quelqu'un ? – Non, je ***n'****ai vu* ***personne****.*

a. Elle a compris quelque chose ?
– Non, ...
b. Il habite avec quelqu'un ?
– Non, ...
c. Vous avez écrit quelque chose ?
– Non, ...
d. Tu as loué quelque chose cet été ?
– Non, ...
e. Vous avez appelé quelqu'un ?
– Non, ...

21■ Complétez avec : « sûr », « certain », « possible », « impossible », « peut-être ».

Ex. : Il vient, c'est sûr ? – ***Sûr et certain*** *!*

a. – ...., tu ne restes pas toute la semaine ? – Non, ..., je dois rentrer travailler au bureau.
b. – J'ai téléphoné à la production. ...., le film se tourne en juillet.
c. – Vous vendez votre maison ? – ...., on ne sait pas encore.
d. – Elle peut vous rappeler la semaine prochaine ? – Oui, ...
e. – Je vous dis : c'est lui, c'est .... et .... – Non, ...
f. – Vous restez ? – ....

écrit

22■ Imaginez le dialogue.

Première réplique : « Tu m'aimes ? »
Dernière réplique : « Je ne sais pas, peut-être. »

....
....
....
....
....
....

5 faire des mots avec des mots

vocabulaire

23■ Trouvez le nom correspondant en *–ment*.

Ex. : commencer → ***un commencement***

a. habiller → ....

b. renseigner → ....

c. loger → ....

d. ranger → ....

24■ Trouvez le nom correspondant en *–tion*.

Ex. : continuer → ***la continuation***.

a. habiter → ....

b. inviter → ....

c. répéter → ....

d. appeler → ....

e. adorer → ....

f. louer → ....

g. nager → ....

h. préparer → ....

25■ Qui fait quoi ?

QUI ?	FAIT ?	QUOI ?
présentateur	***présenter***	***une présentation***
		une direction
	entreprendre	
producteur		
		une assurance
	peindre	
	traduire	
		une recherche
	skier	
		la natation
	marcher	

26■ Faites correspondre les annonces avec les lieux où elles ont été vues.

a. « À vendre deux pièces. Belle vue. » •
b. « Fermé dimanche et lundi. » •
c. « Déjeuner à toute heure. » •
d. « Départ 8 h ; retour 19 h » •
e. « Point de rencontre. » •

• **1.** dans un restaurant
• **2.** dans une agence de voyages
• **3.** dans un aéroport
• **4.** dans un journal
• **5.** dans un magasin

grammaire

27■ Quel programme ! Racontez.

```
Arrivée Rio le 28.
Rencontre avec la famille Dos Santos.
Déjeuner avec la famille.
Promenade à Copacabana.
Téléphérique pour le Pain de Sucre.
Montée au Corcovado.
Traversée de la baie en bateau.
Invitation le soir des Dos Santos
au restaurant.
Retour très tard à l'hôtel.
Départ pour Buenos Aires le 30.
```

Souviens-toi, nous sommes arrivés à Rio le 28 .....

....

écrit

28■ Que s'est-il passé entre ces trois images ?

....

....

6 savoir si...

vocabulaire

29■ Où demande-t-on :

Ex. : l'heure de départ du train ? ***à la gare.***

a. Où se trouvent le château et le musée ? ....

b. Pour aller à Naples, vous avez un vol ? ....

c. J'aimerais louer un appartement de trois pièces : ....

d. Quelles études de langue je peux faire ? ....

e. Où est la présentation du logiciel ? ....

f. Vous avez une chambre d'hôtel pour cette nuit ? ....

bureau de tourisme – agence immobilière – accueil de l'hôtel – point information – agence de voyages – centre d'information et de documentation.

30■ Internet, c'est facile ! Complétez avec les mots de la liste.

Ex. : En français, ***le web c'est la toile.***

a. Voici mon .... : maria@vuef.fr.

b. Pour naviguer, j'utilise ....

c. Mon .... préféré est www. fdlm.org.

d. Tu peux m'envoyer .... ?

e. Je n'ai pas .... pour lire cette image.

f. Tu as oublié de saisir ....

le code d'accès – la souris – site – adresse électronique – le logiciel – un mél.

grammaire

31 Complétez avec « si », « quand », « quel », « où », « comment », « pourquoi ».

Je voudrais savoir :

***si** tu pars dimanche ?*

a. .... se trouve le musée Chagall ?
b. .... nous pouvons travailler ensemble lundi ?
c. .... elle rentre de voyage ?
d. .... il s'appelle ?
e. .... tu viens aussi tard ?
f. .... est ton sport préféré ?

32 Demandez.

Ex. : ce train (aller à Lyon) → ***Est-ce que ce train va à Lyon ?***

a. La place de la Comédie. *(se trouver)*

....

b. Le nom du nouveau directeur. *(s'appeler)*

....

c. Le moment de départ de votre amie. *(partir)*

....

d. Le film à aller voir. *(avoir envie de...)*

....

e. La cause du retard. *(être en retard)*

....

33 Posez la question à la forme indirecte.

Ex. : Est-ce que le musée du Louvre est ouvert le mardi ? → ***Je voudrais savoir si le musée du Louvre est ouvert le mardi.***

a. La station de métro « Porte des Lilas » se trouve où ?

→ ....

b. Tu rentres de vacances quand ?

→ ....

c. La présentation, ça s'est passé comment ?

→ ....

d. Tu n'es pas venu hier, pourquoi ?

→ ....

écrit

34 Vous écrivez pour demander des renseignements complémentaires.

À louer

Belle maison, quatre pièces meublées ; espace vert ; vue sur la mer ; proche des plages.

....
....
....
....
....

entraînement au DELF A1

Les épreuves orales de cette page sont à faire en classe avec votre professeur : les documents sonores se trouvent dans les cassettes collectives de Campus.

1 ÉCOUTEZ

(enregistrement, page 72)

Écoutez les trois scènes de l'enregistrement et notez vos réponses.

Le réceptionniste téléphone à l'Opéra Bastille :

- ☐ pour connaître le nom du spectacle
- ☐ pour faire une réservation
- ☐ pour savoir si il y a des places

La jeune fille :

- ☐ veut apprendre la musique
- ☐ cherche une chorale professionnelle
- ☐ cherche une chorale dans son quartier

L'homme cherche :

- ☐ un livre sur la ville
- ☐ un plan de la gare
- ☐ des adresses d'hôtel

2 PARLEZ

Vous faites l'interview pour la radio d'une personnalité (comédienne, chanteur, sportif, femme politique) ; vous lui demandez de raconter son parcours et de s'expliquer sur ses choix. Questionnez-le (ou la).

3 ÉCRIVEZ

Voici une carte postale . Vous écrivez le récit de votre séjour au verso :
– à un ou à une amie ;
– à un membre proche de votre famille.

Forcalquier est un village de Haute Provence dans le Sud de la France.

1 acheter

vocabulaire

1■ Dans quel rayon d'un grand magasin trouver :

*Ex. : un livre ? **librairie**.*
a. un parfum ? ....
b. une sculpture ? ....
c. un stylo ? ....
d. un CD ? ....
e. une vidéo, un DVD ? ....
f. un jeu ? ....
g. un cédérom ? ....
h. une montre ? ....
i. un bijou ? ....
j. un T-shirt ? ....
multimédia – papeterie – objets d'art – librairie – parfumerie – jouets – vêtements – bijouterie – disques – vidéo.

2■ Associez chaque nom à un ou plusieurs adjectifs.

a. Un livre ***excellent***, ...
b. Un parfum ....
c. Un tableau ....
d. Un T-shirt ....
e. Un stylo ....
f. Un jeu ....
g. Un bijou ....
sympathique – excellent – bizarre – important – nouveau – joli – beau – grand public – ancien – moderne – confortable – original – différent – amusant.

3■ Trouvez le bon ordre (numérotez de 1 à 8) pour prendre de l'argent à un distributeur automatique.

☐ Introduire la carte
☐ Patienter
☐ Retirer la carte
☐ Ne pas oublier les billets
☐ Faire son code
☐ Choisir le montant
☐ Merci de votre visite
☐ Bienvenue

grammaire

4■ Complétez avec « le même », « les mêmes », « différent »...

*Ex. : 2 juin 1975, 2 juin 1945, ils sont nés **le même** jour mais pas **la même** année.*
a. 28 rue Alexandre-Dumas / 33 rue Alexandre-Dumas, ils habitent .... rue mais pas .... numéro.
b. 19,50 € / 19,50 €, ils coûtent .... prix.
c. Robe rouge, veste noire / robe rouge, veste noire, elles portent .... vêtements.
d. Windows / Linux, ils travaillent sur des logiciels ....
e. Architecte à Strasbourg / architecte à Genève, ils ont .... profession mais dans des villes ....
f. Séances à 18 h, 20 h, 22 h / Séances à 18 h 15, 20 h 15, 22 h 15, ce sont des horaires ....

5■ « Très », « trop », « pas assez ». Comment trouvez-vous :

Ex. : Titanic ? C'est un ***très*** *beau film mais* ***trop*** *triste.*

a. Gérard Depardieu ? C'est un acteur .... célèbre mais il fait .... de films.
b. Paris ? Paris est une .... belle ville mais .... bruyante et .... propre.
c. Votre professeur(e) ? Elle est .... sympathique mais .... sévère.
d. La présentation ? La présentation est .... claire mais .... pratique.
e. Le quartier ? Le quartier est .... isolé.

6■ Faites comme dans l'exemple.

Ex. : Je voudrais ***un autre*** *parfum, enfin* ***le même*** *mais un peu* ***différent***.

a. J'ai acheté .... voiture, enfin .... mais un peu ....
b. Je cherche .... secrétaire, enfin .... mais un peu ....
c. J'ai trouvé .... amis, enfin .... mais un peu ....
d. Je voudrais .... acteur, enfin .... mais un peu ....

écrit

7■ Faites la liste des achats à faire à la fin de la semaine. Classez-les par type de produits.

....
....
....
....
....

2 décrire les choses

vocabulaire

8■ Complétez avec les expressions de la liste.

Ex. : Le Rouge et le Noir *est* ***un roman***.

a. *Le Grand Bleu* est ....
b. La lune est bleue comme une orange est ....
c. Les Verts sont ....
d. *Rouge* est ....
e. Noir Désir est ....

une phrase de poème – le titre d'un film – un groupe de rock – un parti politique – le titre d'un journal gauchiste.

9■ Trouvez la signification des expressions.

Ex. : Il voit tout en noir → ***il est pessimiste***.

a. Il est blanc comme neige → ....
b. Elle voit la vie en rose → ....
c. Il est fleur bleue → ....
d. Il a des idées noires → ....
e. Il est vert → ....

il/elle est romantique – optimiste – jaloux/jalouse – honnête – dépressif/dépressive.

10 ■ Trouvez le verbe qui correspond aux noms et aux adjectifs.

*Ex. : rond → **arrondir**.*

a. lourd → ....
b. large → ....
c. le poids → ....
d. grand → ....
e. gros → ....
f. la mesure → ....
g. le coût → ....

11 ■ Associez un objet et un matériau.

a. une montre	**1.** en béton
b. un parquet	**2.** en bois
c. un mur	**3.** en verre
d. une table	**4.** en papier
e. un immeuble	**5.** en pierre
f. un sac	**6.** en or

grammaire

12 ■ Écrivez la question.

*Ex. : **De quelle couleur est cette voiture ?** – Cette voiture est rouge.*

a. ....
– Ce sac pèse dix kilos.
b. ....
– La piscine est longue de 25 mètres.
c. ....
– Elle a un mètre cinquante de profondeur.
d. ....
– Cette bibliothèque fait 2,20 m de haut, 4,50 m de long et 35 cm de profondeur.
e. ....
– Ce restaurant est bon marché et délicieux.

écrit

13 ■ Comment comprenez-vous ces expressions ?

a. Le silence est d'or : ....
b. Je suis resté de marbre : ....
c. J'ai un moral d'acier : ....
d. Je touche du bois : ....
e. J'ai une santé de fer : ....
f. J'ai dormi d'un sommeil profond : ....

vocabulaire

14■ Que voyez-vous dans chacune des vitrines ?

....

....

15■ Qu'est-ce qu'ils mettent ?

Il s'habille :

a. pour aller au travail : il porte ***un pantalon***.

b. pour aller faire du sport : il porte ....

Elle s'habille :

c. pour aller à la plage : elle porte ....

d. pour un cocktail : elle porte ....

16■ Complétez à l'aide des verbes de la liste.

La journée, le soir, en week-end, j'aime .... souvent de vêtements. J' .... mes vêtements dans des boutiques à la mode. Le week-end, je .... décontracté. En semaine, je préfère .... un costume pour les rendez-vous de travail. Le soir, je .... et je .... un pantalon et un polo.

acheter – mettre – s'habiller – changer – se changer – porter.

grammaire

17■ Complétez en accordant l'adjectif.

a. Elle aime les *(vieux)* .... maisons, les *(beau)* .... voitures, les *(grand)* .... piscines, les films *(bizarre)* ...., les peintures *(original)* ....

b. Il aime les *(bon)* .... bouteilles, les objets *(curieux)* ...., les *(petit)* .... villes, les fêtes *(amusant)* ...., les *(nouveau)* .... tendances, les *(joli)* .... femmes.

18■ Mettez à la bonne place et accordez.

Ex. : Elle porte une robe (beau/belle) → *Elle porte une* **belle** *robe.*

a. Elle porte des jupes *(court)* ...., des chaussures *(beau/belle)* ...., un pull *(noir)* ...., un manteau *(grand)* ...., un collier *(original)* ....

b. Il porte un pantalon *(étroit)* ...., une cravate *(nouveau)* ...., une veste *(vieux)* ...., une montre *(amusant)* ....

19■ « Très » ou « trop » ?

Pour moi, le velours est .... tendance, la soie est .... légère, le coton est .... agréable à porter, la laine est .... chaude en été et le cuir .... épais. Le soir, j'aime les vêtements .... décontractés et pour les fêtes je cherche des tenues .... démodées mais pas .... excentriques.

écrit

20■ Vous venez d'assister à un défilé de mode. Racontez ce que vous avez vu.

....

....

....

....

4 exprimer la quantité

vocabulaire

21■ J'achète, je bois, je mange. Complétez.

a. Au supermarché, j'achète ***de l'eau minérale***, ...

b. Au café, je bois ....

c. Au restaurant, je mange ....

22■ Classez les éléments suivants.

a. Boissons : *thé*, ...

b. Plats ....

c. Desserts : ....

thé – ananas – viande – poisson – bière – tarte – café – glace – fruits – riz – eau – lait – pâtes.

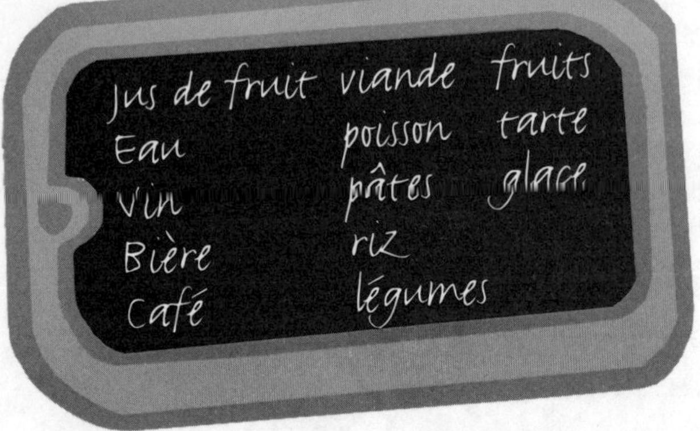

23■ Qu'est-ce que vous allez manger aujourd'hui à midi ?

....

....

....

....

....

....

....

grammaire

24■ Complétez avec un verbe de la liste (attention : plusieurs réponses sont possibles dans certains cas).

a. On .... à midi ou on .... ce soir ensemble ?
b. À midi, vous .... de l'eau ou du vin ? – À midi, nous .... de l'eau.
c. Le matin, tu .... un petit déjeuner complet ? – Non, je .... un thé et je pars.
d. Comme dessert, vous .... ? – Une glace.
e. J' ...., je peux .... encore un dessert ?
f. Tu .... ? Qu'est-ce que tu ...., bière ou Coca ?
g. Tu .... la tarte ? – Oui, elle .... délicieuse.
h. Vous .... la viande ou le poisson ? – J'aime bien le poisson.

déjeuner – dîner – boire – prendre – avoir faim – avoir soif – aimer – préférer – vouloir – choisir – être.

25■ Complétez avec le bon article.

a. Je voudrais .... thé. Je préfère .... thé.
b. – Est-ce que vous voulez .... café ? – Non, ... bière, s'il vous plaît.
c. J'aime bien .... gâteaux, surtout .... tarte à l'ananas.
d. Moi, je préfère prendre .... glace à la fraise.
e. À midi, je mange .... fruits et je bois .... lait.
f. – C'est pour qui .... fromage ? – Pour moi.

26■ Complétez avec « un peu de », « quelques », « beaucoup de », « pas de ».

a. Vous voulez encore .... dessert ? – Oui, merci.
b. Vous mangez .... poisson ? – Oui, ... mais je ne mange .... viande.
c. Vous faites .... musique ? – Oui, je fais .... musique tous les matins.
d. Vous faites .... sport ? – Oui je fais du tennis, de la natation, du football, du judo.
e. Vous avez .... bijoux ? – J'ai .... colliers, ... bracelets mais .... montre.

écrit

27■ Donnez la recette de votre cocktail préféré.

....
....
....
....
....
....
....

vocabulaire

28■ Classez les mots de la liste par catégories.

a. Une entrée : ***salade***, ...

b. Un plat : ***poisson***, ...

c. Un dessert : ***glace***, ...

poisson – poire – crudités – côtelettes de porc – gâteau au chocolat – thon à la tomate – pâtes – jambon – yaourt – choucroute – omelette – salade – biscuits – côtelettes d'agneau – tarte aux pommes – soupe – raisin – champignons – rôti de bœuf – frites – banane – petits pois.

29■ Dans la liste de l'exercice 28, quels sont les aliments préférés au Nord et ceux préférés au Sud ?

Au Nord : ***jambon***, ...

Au Sud : ***salade***, ...

30■ Éliminez l'intrus.

Ex. : jambon, côtelette de porc, ~~choucroute~~, rôti de bœuf.

a. champignons, frites, petits pois, yaourt

b. pâtes, riz, omelette, pizza

c. pomme, poire, raisin, pomme de terre

e. tarte à la banane, glace, jus d'orange, gâteau au chocolat

d. eau, soupe, bière, vin

31■ Cuit ou cru ?

Cuit : ....

Cru : ....

Cru ou cuit : ....

soupe – pomme – gâteau – salade – poisson – champignons – haricots verts – raisin – rôti de bœuf – thon – œufs – maïs – fraises – tomates.

32■ Sucré ou salé ?

Sucré : ....

Salé : ....

Sucré ou salé : ....

pomme – tarte à l'ananas – thon – porc – soupe de légumes – biscuit – tomates – gâteau à la chantilly – poulet – pizza – côtelettes d'agneau – glace.

grammaire

33■ Formulez ces conseils autrement.

Ex. : Il faut savoir passer du temps à table. → ***Prenez du temps pour manger.***

a. Il faut savoir combiner plaisir et équilibre.

→ ....

b. Il faut savoir manger de tout.

→ ....

c. Il faut savoir prendre le temps de faire un vrai repas.

→ ....

d. Attention aux bons petits plats : vous devez faire du sport.

→ ....

écrit

34■ Élaborez un menu pour deux personnes avec les éléments suivants.

Vous avez 2 yaourts, 300 g de fraises, 2 poissons, du riz, 4 tomates, 100 g de haricots verts, 1 salade, 200 g de petits pois et huile, vinaigre, sel, poivre, sucre.

Entrée : ....
Plat principal : ....
Légume : ....
Dessert : ....

6 faire la fête

vocabulaire

35■ Observez les photos et classez les fêtes par genres.

Nom de la fête	Type	Lieu
....	....	Paris
....	....	Avignon
....	....	Bretagne

36■ Qu'est-ce qu'ils disent ?

grammaire

37 Posez la question.

Ex. : ***On fait toujours la fête pour la Saint-Jean ?*** – Non, on ne fait plus la fête.

a. ....?

– Non, on ne joue plus la pièce.

b. ....?

– Non, elle n'habite plus à Paris.

c. ....?

– Non, nous ne travaillons plus dans la société de production.

d. ....?

– Non, je ne pars plus en voyage pour le travail.

e. ....?

– Non, je ne fais plus de sport.

38 Répondez.

Ex. : Tu vas encore en boîte ? – ***Non, je ne vais plus en boîte.***

a. Elle va encore à la campagne ?

– Non, ...

b. Il vend encore des logiciels ?

– Non, ...

c. Elle fait encore des études ?

– Non, ...

d. Tu aimes encore faire la fête ?

– Non, ...

e. Vous avez encore du temps pour voyager ?

– Non, ...

écrit

39 Souvenirs de 14 juillet.

Voici les impressions de Véra écrites dans son carnet :

« Jolie place ; bal très joyeux ; danses très variées ; les gens chantent, dansent ; on boit beaucoup.
Beaucoup de jolis garçons, des Italiens, des Espagnols, des Mexicains, des Grecs, des Portugais, des Allemands, des Brésiliens et bien sûr des Français.
Orchestre déguisé ; feux d'artifice, pétards... La fête quoi ! oui, Paris est une fête.
Olivier (portable : 06 47 66 36 43) »

Avec les notes de Véra, vous faites le récit de cette soirée.

....

....

....

....

Unité 6

entraînement au DELF A1

Les épreuves orales de cette page sont à faire en classe avec votre professeur : les documents sonores se trouvent dans les cassettes collectives de Campus.

1 ÉCOUTEZ

(enregistrement, page 77)

Écoutez les trois scènes de l'enregistrement et complétez les réponses.

Qu'est-ce qui coûte :

90 € ....

26 € ....

500 € ....

Où trouvent-ils :

la table ....

les livres ....

le chemisier ....

Que paient-ils :

avec une carte bancaire ....

avec un chéquier ....

en billets de banque ....

2 PARLEZ

Vous racontez à un ami ou à une collègue votre soirée au restaurant.
Vous dites pourquoi vous avez choisi ce restaurant.
Vous décrivez ce que vous avez choisi.
Vous racontez le problème avec la bouteille de vin et la réaction du garçon.
Vous parlez du rapport qualité/prix.
Vous conseillez d'y aller ou de ne pas y aller.
Vous dites comment s'est terminée la soirée.

3 ÉCRIVEZ

Un couple d' amis vous invite à une fête d'anniversaire de leur rencontre. Malheureusement, vous ne pouvez pas y aller :

- vous envoyez un petit mot de remerciements ;
- vous exprimez des vœux ;
- vous vous associez à la fête ;
- vous regrettez de ne pas être là.

....

....

....

....

....

1 recevoir

vocabulaire

1 « Tu » ou « vous » ?

	TU	VOUS
a. Le père et le fils discutent.	☐	☐
b. Deux amies se retrouvent dans un café.	☐	☐
c. Un cadre commercial va voir un client.	☐	☐
d. Vous allez chez le médecin.	☐	☐
e. Une fille de 18 ans rencontre un garçon de 19 ans dans une discothèque.	☐	☐
f. Deux collaborateurs d'une même société travaillent ensemble sur le même projet.	☐	☐

2 Barrez la mauvaise réponse.

Ex. : Dis, Catherine, je peux | te | ~~vous~~ | *tutoyer ?*

a. Je peux vous rencontrer demain, s'il | vous | te | plaît ?

b. Salut, je | vous | t' | appelle ce soir.

c. Tu es libre ? Je peux | t' | vous | inviter demain ?

d. Allô, c'est vous, Jérôme ? Comment | tu vas ? | allez-vous ? |

e. – On peut se tutoyer ? – | Si tu veux. / | Si vous voulez. |

grammaire

3 Complétez avec un pronom.

Ex. : C'est l'entreprise de Gilles. Je ***la*** *dirige.*

a. Sylvie écrit des articles dans *Les Nouvelles de l'Ouest.* Jérôme .... lit.

b. Jérôme connaît Sylvie. Il .... présente à Gilles.

c. Sylvie rencontre Jérôme. Elle .... salue.

d. Jérôme remercie Lucas pour le disque de son chanteur préféré : « Je .... aime beaucoup. »

e. Gilles parle à Sylvie ; Sylvie .... écoute et .... trouve amusant.

f. Jérôme fait attention à Sylvie. Il .... connaît bien.

4 Écrivez la question.

Ex. : ***Tu lis ses articles ?*** *– Oui, je les lis.*

a. ....?

– Je te présente Jérôme.

b. ....?

– Oui, je la connais.

c. ....?

– Oui, je les vends.

d. ....?

– Oui monsieur, je l'appelle demain.

e. ....?

– Oui, elle nous aime beaucoup.

f. ....?

– Oui, je les veux.

5■ Formulez la réponse.

Ex. : Tu l'écoutes souvent ? – ***Non, je ne l'écoute pas souvent.***

a. Tu le vois seul ?
– Non, ...

b. Elle t'invite le dimanche ?
– Non, ...

c. Il la cherche toujours ?
– Non, ...

d. Elle vous a parlé ?
– Oui, ...

e. Tu m'as appelé ?
– Non, ...

écrit

6■ Rédigez l'invitation (au choix) :

– pour une fête de famille ; pour votre anniversaire ; pour une fête des étudiants de votre classe.

Vous choisissez le support (lettre, carton, affiche, envoi de mél) et vous rédigez le texte.

....

....

....

....

2 communiquer

vocabulaire

7■ Ces expressions disent la même chose. Faites-les correspondre.

a. Ça va ?
b. Et ça c'est pour toi.
c. Ça me fait très plaisir.
d. Pardon.
e. Enchanté.
f. À bientôt.

1. Excusez-moi.
2. Heureux de faire votre connaissance.
3. Comment allez-vous ?
4. Voici un petit cadeau pour toi.
5. On s'appelle.
6. Merci beaucoup.

8■ On peut le dire autrement.

« Oh ! pardon ».
« Je vous demande pardon ».

Je vous demande pardon.
– ....

Oh ! Ce n'est pas raisonnable.
– ....

Mr. X. Mme Y...
– ....

grammaire

9■ Complétez avec un pronom.

*Ex. : Il **me** demande des conseils ; je **lui** réponds.*

a. Il revient du salon et il .... raconte comment ça s'est passé.
b. Je .... téléphone toujours à son bureau.
c. Pour sa fête, elle .... offre une montre.
d. Tu .... parles souvent ? Ils sont bizarres.
e. Elle .... montre sa nouvelle robe.
f. Il .... loue une belle maison ; ils sont contents.

10■ Écrivez la question.

*Ex. : **Tu leur envoies une carte postale ?** – Oui, j'envoie une carte postale à ses parents.*

a. ....?
– Oui, je parle à tes parents.
b. ....?
– Oui, elle nous achète les tapis.
c. ....?
– Nous offrons un bracelet à ta mère et une sculpture à ton père.
d. ....?
– Je vous rends le journal cet après-midi.
e. ....?
– Oui, il me répond souvent.

11■ Répondez.

*Ex. : Tu as écrit à tes amis ? – **Oui, je leur ai écrit.***

a. Vous avez téléphoné à Jérôme ?
– Oui, ...
b. Tu as demandé le nom du film à Sylvie ?
– Non, ...
c. Elle t'a répondu ?
– Oui, ...
d. Tu lui as écrit ?
– Non, ...
e. Ils lui ont traduit l'histoire ?
– Non, ...

écrit

12■ Vous avez prêté votre appartement pour les vacances. Vous envoyez un mél pour savoir si tout va bien ; vous posez huit questions. Rédigez les questions.

....
....
....
....

vocabulaire

13■ Trouvez le contraire dans la liste.

*Ex. : travailleur ≠ **paresseux**.*

a. généreux ≠ ....
b. stable ≠ ....
c. patient ≠ ....
d. pessimiste ≠ ....
e. ouvert ≠ ....
f. à la mode ≠ ....
g. grand ≠ ....
h. jeune ≠ ....
i. calme ≠ ....
j. gros ≠ ....

petit – démodé – impatient – mince – changeant – bruyant – égoïste – optimiste – fermé – vieux.

14■ Portrait-robot.

a   b   c

a. Il a le visage ...., les cheveux ...., ... yeux, la bouche ...., un .... nez.

b. Il a un visage ...., des cheveux ...., des yeux ...., une bouche ...., un nez ....

c. Il a le visage ...., les cheveux ...., les yeux ...., la bouche ...., le nez ....

rond – grand – arrondi – fin – lourd – large – bizarre – étroit – court – fatigué – carré – long – petit – gros.

grammaire

15■ Masculin/féminin.

*Ex. : Il est courageux → elle est **courageuse**.*

a. Il est .... ; elle est artiste.
b. Il est intelligent ; elle est ....
c. Il est .... ; elle est généreuse.
d. Il est pessimiste ; elle est ....
e. Il est gros ; elle est ....
f. Il est .... ; elle est mince.
g. Il est travailleur ; elle est ....
h. Il est .... ; elle est bruyante.
i. Il est .... ; elle est vieille.
j. Il est fier ; elle est ....
k. Il est .... ; elle est démodée.

16■ « Être » ou « avoir » ?

*Ex. : Il **a** les cheveux bruns ; il **est** brun.*

Comment est-il ?

Il .... grand, il .... un visage allongé, ses yeux .... bleus, son nez .... fin, il .... une grande bouche et il .... une barbe noire. Ah oui ! ses cheveux aussi .... noirs. Il .... un large sourire, mais attention, son caractère .... difficile. Il .... impatient et il .... toujours quelque chose à faire.

17■ Dites le contraire.

LUI	ELLE
Ex. : ***Moi, je me couche tôt.***	***Moi, je me couche tard.***
Moi, je mange léger.	....
Moi, je bois toujours de l'eau.	....
Moi, je fais beaucoup de sport.	....
Moi, je déteste aller au cinéma.	....
Moi, je pars toujours en avance.	....

écrit

18■ Faites votre portrait chinois.

Si vous êtes un métier, vous êtes un/une .... ; si vous êtes une couleur, vous êtes .... ; une boisson .... ; un titre de film .... ; un sport .... ; un livre .... ; un monument .... ; un parfum .... ; une époque .... ; une voiture ....

4 donner des instructions

vocabulaire

19■ a. Faites correspondre les dessins et les conseils.

(a) (b) (c) (d) (e) (f)

1. Attachez votre ceinture de sécurité.
2. Éteignez votre portable.
3. Respectez la nature.
4. Attention chaussée mouillée.
5. Respectez la limitation de vitesse à 110 km/h.
6. Attendez l'arrêt complet du train avant de descendre.

a.5 – ....

grammaire

20■ Transformez.

Ex. : Pour écrire, il faut prendre du papier et un stylo. → ***Prenez du papier et un stylo.***

a. Pour s'habiller il faut mettre une veste et un pantalon.
→ ....

b. Pour faire du ski, il ne faut pas oublier les chaussures et les skis.
→ ....

c. Pour traverser la rue, il faut regarder à droite et à gauche.
→ ....

d. Pour louer un appartement, il faut acheter un journal et lire les petites annonces.
→ ....

e. Pour avoir des informations il faut aller à l'office de tourisme.
→ ....

21 ■ Répondez aux questions.

Ex. : Est-ce que je peux parler à Gilles ? – ***Parle-lui.***

a. Est-ce que je dois envoyer cet article au journal ?

– ....

b. Est-ce que je peux téléphoner à Sylvie ?

– ....

c. Est-ce que je peux demander un service à vos amis ?

– ....

d. Est-ce que je peux raconter cette histoire à Patrick ?

– ....

22 ■ Répondez aux questions à la forme négative.

Ex. : Vous pensez qu'il faut annoncer la nouvelle ? – ***Non, ne l'annoncez pas.***

a. Je voudrais venir vous voir ce soir.

– Non, ...

b. Est-ce que je peux annoncer la mauvaise nouvelle à Pierre ?

– Non, ...

c. Est-ce que nous pouvons offrir des cadeaux aux enfants ?

– Non, ...

d. J'aimerais traduire ce livre.

– Non, ...

e. Nous pouvons déguiser les enfants ?

– Non, ...

23 ■ Donnez votre opinion. Répondez par « oui » ou par « si ».

Ex. : Il dit la vérité ? – ***Oui, je crois qu'il dit la vérité.***

a. Le nouveau journaliste, il écrit bien ?

– ....

b. Elle fait bien la cuisine ?

– ....

c. Il travaille bien ?

– ....

d. Il n'est pas un peu bizarre ?

– ....

e. Vous savez, je crois qu'il ne m'aime pas.

– ....

écrit

24 ■ Savez-vous faire des sandwiches ?

Pour faire un sandwich au (à la, etc.) ...., *il faut* ....

....

....

....

....

vocabulaire

25 Quel est le style de chacune de ces lettres ?

amical – professionnel – familial – familier.

a. Chère Maria,
Merci pour ta carte et tes bons vœux. À mon tour, je te souhaite plein de bonnes choses et surtout du bonheur.
Je t'embrasse. Olivier.

d. Chère Inès,
Merci pour vos vœux. Les enfants, Gilles et moi vous adressons nos meilleurs vœux et nous espérons vous revoir bientôt. Bonne année à votre famille.
Julie, Gilles et les enfants.

c. Chère Madame,
Permettez-moi de vous présenter mes meilleurs vœux pour cette nouvelle année et toute la réussite espérée pour vos entreprises.
Daniel Lescure.

b. Chère Sylvie,
Après Noël, la nouvelle année. Alors tous mes meilleurs vœux pour le nouvel an.
Amitiés Patrick

a. → amical – b. ....

26 Faites correspondre les éléments.

a. Salut Julie	1. Amicalement
b. Monsieur le Directeur	2. Cordialement
c. Cher Ami	3. Bisous
d. Cher Alain	4. Avec mes salutations les meilleures
e. Cher Monsieur	5. Salutations distinguées

27 Dans les expressions de l'exercice 25, quelles sont les relations entre celui ou celle qui envoie et celui ou celle qui reçoit ?

Hiérarchique (..................) ; amical (..................) ; complice (..................) ; proche (..................).

28 Quels sont les objectifs de ces lettres ?

a. Essayez de venir passer une semaine de vacances à la maison. ....

b. Vous devez vous adresser au centre de documentation et d'information pour connaître les dates d'inscription pour les étudiants étrangers. ....

c. Notez que nos bureaux sont ouverts du lundi au vendredi de 9 h à 18 h. ....

d. Formidable ta soirée. Quelle fête ! Merci encore et à très vite. ....

e. Désolé, mais il m'est impossible d'accepter votre invitation à déjeuner. Je dois partir en voyage le jour même.

f. Ah ! La Réunion... magnifique... la lumière, les paysages, les petits villages, la nature... ....

s'excuser – décrire – remercier – inviter – conseiller – informer.

29■ Trouvez, dans les extraits des lettres de l'exercice 28, les expressions correspondantes.

a. Bravo pour la fête : ....

b. Nos heures d'ouverture : ....

c. Vous êtes les bienvenus : ....

d. Je regrette de ne pouvoir honorer votre invitation : ....

e. Je vous conseille de prendre contact avec le service compétent : ....

f. Nous avons beaucoup aimé nous promener dans l'île, admirer : ....

écrit

30 ■ À vous d'envoyer des lettres :

a. à une amie pour lui raconter vos vacances d'été ;

b. à un institut de formation pour avoir des renseignements.

....

....

....

....

....

....

6 être à l'aise avec les autres

vocabulaire

31■ Une réponse peut en cacher une autre. Faites comme dans l'exemple.

Ex. : Voulez-vous boire quelque chose ? Quand je réponds « *merci* » ça veut dire ***« non, merci »***.

a. Tu es libre ce week-end ? – Je ne sais pas encore. = ...

b. On va au cinéma ? – Pourquoi pas ? = ...

c. Je vous raccompagne. – C'est gentil = ...

d. Ça vous a plu, ce spectacle ? – Pas beaucoup. = ...

e. Tu viens à la fête ? – Oh ! désolé, je suis déjà pris. ....

certainement pas – j'accepte – peut-être – je n'en ai pas très envie – on s'est un peu ennuyés – non, je ne peux pas.

32■ Voici un sens, trouvez l'autre.

Ex. : Le milieu = milieu social (milieu professionnel) ; ***centre (centre de la Terre)****.*

a. bloquer = être bloqué, ne pas dire un mot

= ....

b. tomber = tomber amoureux

= ....

c. marcher = bien marcher (réussir)

= ....

d. pièce = de théâtre
= ....

e. goût = attirance pour les autres
= ....

f. sens = saveur
= ....

grammaire

33 Transformez.

Ex. : Il te faut avoir le courage de partir. → ***Aie le courage de partir !***

a. Il leur faut avoir la volonté de réussir.
→ ....

b. Il nous faut avoir le désir de continuer.
→ ....

c. Il te faut avoir l'envie de sortir.
→ ....

d. Il leur faut avoir le pouvoir de dire non.
→ ....

e. Il nous faut avoir le courage de chercher.
→ ....

34■ Transformez.

Ex. : Montre-toi courageux. → ***Sois courageux !***

a. Montre-toi travailleur.
→ ....

b. Montrez-vous généreux.
→ ....

c. Montre-toi indépendant.
→ ....

d. Montrons-nous patients.
→ ....

e. Montrez-vous curieux.
→ ....

écrit

35■ Répondez par lettre à l'une ou l'autre de ces annonces.

a. Médecin, 30 ans, brun, yeux verts, sportif, ouvert intellectuellement. Goût pour les voyages, la nature et la vie à la campagne. Cherche jeune femme très féminine, joyeuse, cultivée avec désir d'enfant.
b. C'est moi ! Journaliste, 28 ans, blonde, grande, jolie (paraît-il). J'adore le cinéma, les voyages, la musique, le roller et les bons petits restos. Gentleman campagnard s'abstenir.

....
....
....
....

entraînement au DELF A1

Les épreuves orales de cette page sont à faire en classe avec votre professeur : les documents sonores se trouvent dans les cassettes collectives de Campus.

1 ÉCOUTEZ

(enregistrement, page 102)

Écoutez et notez les informations demandées.

	CELIA	OLIVIER
Âge	....	....
Taille	....	....
Caractère	....	....
Profession	....	....
Goûts	....	....

2 PARLEZ

Un ou une amie à vous a des difficultés à communiquer avec les autres. Vous voulez l'aidez : que faites vous ?
– vous l'interrogez d'abord sur son caractère, sa vie, ses goûts ;
– vous lui dites ensuite ce qui va et ce qui ne va pas ;
– enfin vous lui donnez des conseils.

3 ÉCRIVEZ

Vous donnez rendez-vous à quelqu'un dans un café . Vous ne le (la) connaissez pas. Vous lui faites passer un petit mot ou un message électronique où vous décrivez les signes physiques et vestimentaires de reconnaissance.

....
....
....
....
....
....
....
....

1 parler du passé

vocabulaire

1■ Complétez avec un mot ou une expression de la liste.

*Ex. : **Jadis,** nos ancêtres les Gaulois habitaient dans des huttes, comme Astérix.*

a. .... les enfants travaillaient à l'usine.
b. .... les jeunes de moins de 21 ans ne votaient pas.
c. .... on savait prendre son temps.
d. .... j'avais 20 ans, j'écoutais les Beatles et je dansais le twist.
e. .... on disait « vous » à ses parents ; aujourd'hui on les tutoie.

quand – autrefois – en ce temps-là – de mon temps – il y a 30 ans.

2■ Identifiez : un fait divers, un récit au passé, un souvenir, un rêve.

Rappelle-toi, Barbara.
a. Il pleuvait sans cesse sur Brest ce jour-là (Prévert). ....
b. Les voleurs savaient. Il n'y avait personne dans la maison. Les voisins n'ont pas entendu. La police enquête. ....
c. J'avais peur, je voulais fermer la porte mais je ne pouvais pas. On cherchait de l'autre côté à l'ouvrir. Le combat a duré toute la nuit. ....
d. Le matin à 6 h il faisait encore nuit quand je me levais ; je descendais allumer le feu de bois puis je préparais le café. Nous déjeunions et ensuite nous partions tous les quatre avant le lever du jour (d'après Pagnol). ....
....

grammaire

3■ Conjuguez les verbes.

*Ex. : Quand j'avais 20 ans, **je travaillais dans cet immeuble**.*

a. Quand nous avions 20 ans, *(jouer du rock dans un orchestre)* ....
....
b. Quand vous aviez 20 ans, *(faire la fête tous les soirs)* ....
....
c. Quand nous avions 20 ans, *(vivre librement)* ....
d. Quand tu avais 20 ans, *(voyager beaucoup)* ....
e. Quand ils avaient 20 ans, *(prendre beaucoup de vacances)* ....
....

4■ Complétez avec les verbes entre parenthèses.

a. Hier encore, j'*(avoir)* .... vingt ans, je *(caresser)* .... le temps et *(jouer)* .... de la vie... (Charles Aznavour)
b. Elle *(avoir)* .... des bagues à chaque doigt, des tas de bracelets autour du poignet... (Jeanne Moreau)
c. C'est une chanson qui nous ressemble, moi je *(s'aimer)* ...., toi, tu *(s'aimer)* .... (Yves Montand)
d. La place Rouge *(être)* .... blanche, devant moi *(marcher)* .... Nathalie, elle *(avoir)* .... un joli nom mon guide... (Gilbert Bécaud)

5■ Écrivez ce texte au passé.

Il ***était*** une fois une femme très belle. Tout le monde *(connaître)* .... sa grande beauté. Un riche marchand déjà vieux l'*(aimer)* .... et *(vouloir)* .... avoir un enfant. Il *(savoir)* .... qu'il ne *(pouvoir)* .... pas. Il *(inviter)* .... donc de jeunes marins pour la séduire ; les marins *(devenir)* .... les amants de la jeune femme. Le vieux marchand espérait ainsi réaliser son rêve. (D'après Karen Blixen)

écrit

6■ Rédigez quelques souvenirs sur le modèle de la page 105 de votre livre. Par exemple :

Je me souviens de mes années d'enfance.
Je me souviens des années 1960, des années hippies.

....
....
....
....
....

2 raconter les moments d'une vie

vocabulaire

7■ « Se souvenir » ou « se rappeler » ?

Ex. : Elle ***se souvient de*** *sa première guitare.*

a. Il ne .... plus son nom.
b. Nous nous .... des vacances en Italie.
c. Elle .... avoir participé à son succès.
d. Ils .... de son courage.

8■ Trouvez le verbe.

Ex. : Naissance à Marseille → ***il est né à...***

a. Apprentissage au centre de formation de Cannes → ....
b. Rencontre avec Véronique → ....
c. Départ pour jouer à la Juventus de Turin → ....
d. Vainqueur de la Coupe du Monde → ....
e. Élu « ballon d'or » → ....

grammaire

9■ Rédigez le CV de Gilles D. au passé composé.

1972 : naissance
1982-1990 : élève au lycée Victor-Hugo ***(être)***
1990 : baccalauréat ***(réussir)***
1993 : Licence en droit ***(obtenir)***
1994 : Séminaire de sciences politiques aux États-Unis ***(suivre)***
1995-1996 : Stage dans un cabinet de conseil à Londres ***(faire)***
1997 : Conseiller en droit des affaires dans un cabinet allemand ***(devenir)***

On apprend que Gilles D. a été nommé conseiller du président. Gilles D ***est né*** *en 1972. De 1982 à 1990, il .....*
....
....

10■ Complétez cette biographie.

Marguerite Yourcenar est un écrivain français. Elle *(naître)* ***est née*** en 1903 et elle *(mourir)* .... en 1987 dans sa maison de l'île de Mont-Désert aux États-Unis. Elle *(vivre)* .... aux États-Unis depuis 1939 et sa maison *(s'appeler)* .... Petite Plaisance. Elle *(écrire)* .... de nombreux romans. Elle *(aimer)* .... beaucoup voyager et elle *(adorer)* .... la nature. Elle *(être)* .... la première femme à entrer à l'Académie française.

11■ Mettez à la forme négative.

Ex. : Téléphoner : Nous avons attendu mais il ***n'a pas téléphoné****.*

a. *Partir :* Elle s'est levée à 7 h mais elle ....

b. *Boire :* Il a beaucoup dansé mais il ....

c. *Offrir :* Il lui a acheté une robe mais il ....

d. *Répondre :* Je t'ai appelé mais tu ....

e. *Pouvoir :* Vous m'avez invité mais je .... venir.

12■ Mettez ce récit aux temps du passé qui conviennent.

a. Depuis deux ans je vis en Italie. Je travaille à l'université de Naples. Je connais beaucoup d'étudiants. Je parle avec eux, je les invite, ils viennent dîner à la maison.
b. Un jour, chez un ami, je rencontre Eduardo : c'est un garçon charmant, très fin et cultivé. Il est encore étudiant et il finit son doctorat. Nous parlons de l'université, de l'Italie.
c. Le lendemain, nous allons faire une promenade à Ischia et nous découvrons la *Colombaia*, la villa du célèbre cinéaste italien, Luchino Visconti. C'est notre premier souvenir.

....
....
....
....

écrit

13■ Vous faites une petite enquête sur ce qui a changé depuis dix ans : le travail, les vacances, le sport, les relations avec la famille, les loisirs... Vous écrivez vos remarques sur ces changements.

....
....
....
....
....
....
....
....
....
....

3 parler de la famille

vocabulaire

14■ Complétez l'arbre généalogique avec les informations ci-dessous.

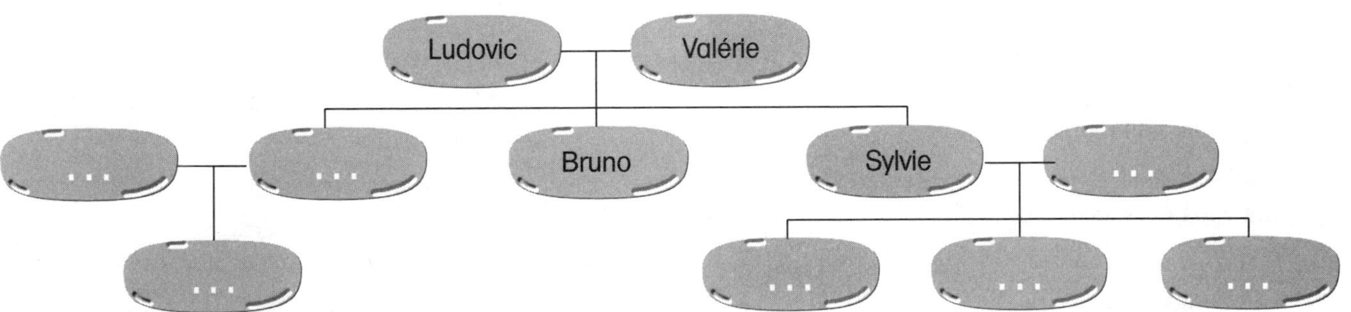

Sylvie a trois enfants.
Joseph est le neveu de Daniel.
Léo est le cousin de Sarah.
Valérie est la grand-mère de Julie.
Philippe est le gendre de Ludovic.
Annick est la belle-sœur de Bruno.
Julie, Joseph, Sarah et Léo sont les neveux et nièces de Bruno.
Annick et Daniel ont un seul fils.

15■ Trouvez les contraires.

Ex. : extraordinaire ≠ ***ordinaire.***

a. heureuse ≠ ....
b. indifférent ≠ ....
c. égoïste ≠ ....
d. difficile ≠ ....
e. séparé ≠ ....
f. sympathique ≠ ....

grammaire

16■ Mettez au passé composé.

Elle ***s'est levée*** puis elle *(se laver)* .... ; elle *(s'habiller)* .... et elle *(se maquiller)* .... ; elle était en retard, elle *(se dépêcher)* ....
Elle *(s'arrêter)* .... à la boulangerie et elle *(s'acheter)* .... un croissant. Quand elle *(se présenter)* .... au bureau, elle *(s'excuser)* ....

17■ Formulez la question et complétez la réponse.

Ex. : (se connaître) ***Ils se sont connus quand ? – Ils se sont connus*** *l'année dernière.*

a. *(se rencontrer)* ....?
– Ils .... en vacances.
b. *(se marier)* ....?
– Ils .... après les vacances.
c. *(se retrouver)* ....?
– Nous .... au Salon.
d. *(s'expliquer)* ....?
– Oui, nous .... tous les trois.
e. *(se séparer)* ....?
– Ils .... après six mois de mariage.

18 ■ Mettez à la forme négative.

*Ex. : Ils se sont parlé ? – **Non, ils ne se sont pas parlé.***

a. Elles se sont rencontrées ?
– Non, ...
b. Ils se sont vus ?
– Non, ...
c. Vous vous êtes regardée ?
– Non, ...
d. Vous vous êtes téléphoné ?
– Non, ...
e. Ils se sont écrit ?
– Non, ...
f. Vous vous êtes reconnus ?
– Non, ...

écrit

19 ■ Ils se sont rencontrés, ils se sont aimés, ils se sont séparés... Racontez leur histoire.

....
....
....
....
....

4 préciser le moment et la durée

vocabulaire

20 ■ Répondez en utilisant « pendant », « depuis », « il y a », « ça fait ... que ».

*Ex. : Le cours de français a commencé il y a trois mois. – J'apprends le français **depuis trois mois**.*

a. Vous parlez bien le français, vous avez mis trois ans pour l'apprendre.
– J'ai appris le français ....
b. Vous ne dormez plus depuis une semaine.
– .... je ne dors plus.
c. Vous avez fait un stage aux États-Unis ; le stage est terminé, il a duré trois mois.
– J'ai suivi un stage aux États-Unis ....
d. On demande des nouvelles de vos meilleurs amis ; ils vivent à l'étranger ; vous ne les avez pas vus depuis trois ans.
– .... que je ne les ai pas vus.
e. Depuis combien de temps cet appartement n'est pas habité ?
– .... trois mois.

21 ■ Répondez aux questions à l'aide des réponses ci-dessous.

Ça fait un mois – depuis quelque temps – je t'attends depuis une heure – depuis 15 jours – il y a trois semaines.

a. Tu es déjà là ? – ....
b. Ça fait combien de temps qu'il est parti ? – ....

c. Depuis combien de temps ça ne va pas ? – ....

d. Il y a longtemps que vous la connaissez ? – ....

e. Et vous êtes arrivés depuis quand ? – ....

grammaire

22■ « Depuis » ou « il y a » ?

François est revenu en France .... cinq ans. .... son retour, il travaille à Médecins sans Frontières. .... six mois, il est allé faire une mission en Afrique. .... un an, je travaille avec lui et, ... deux mois, nous avons décidé de partager le même appartement.

23■ Retrouvez la question.

Ex. : ***Depuis quand êtes-vous à Paris ?*** *– Je suis à Paris depuis mardi.*

a. ....?

– Il y a deux semaines qu'elle est partie.

b. ....?

– Ça fait un mois que je ne l'ai pas vu, monsieur.

c. ....?

– Elle est recherchée depuis 15 jours.

d. ....?

– Je suis arrivée depuis jeudi. Voilà, maintenant tu sais.

e. ....?

– Ça fait dix ans que nous nous sommes rencontrés.

24■ Répondez.

Ex. : Depuis quand êtes-vous mariés ? (samedi) – ***Nous sommes mariés depuis samedi.***

a. Ça fait combien de temps que vous êtes divorcés ? *(deux ans)*

– ....

b. Depuis combien de temps passent-ils leurs vacances en Corse ? *(dix ans)*

– ....

c. Il y a combien de temps que tu as fini tes études ? *(trois ans)*

– ....

d. Depuis quand êtes-vous séparés ? *(15 avril)*

– ....

écrit

25■ « Tu es déjà là ? » « Ça fait une demi-heure que je t'attends... »

Faites la liste des explications possibles du retard.

....

....

....

....

5 parler des habitudes et des changements

vocabulaire

26■ Décrivez ce qui a changé.

27■ « Commencer à » ou « continuer à ». Complétez.

a. Pauline et Nicolas .... faire du piano à huit ans.
b. Pierre a soixante-dix ans et il .... faire du sport tous les jours.
c. Il a .... faire le marathon il y a vingt-cinq ans.
d. Patrick est un gros fumeur ; il a .... fumer à quatorze ans.
e. François est parti du village il y a dix ans mais Charles .... vivre au village.

grammaire

28■ Complétez avec « toujours », « rarement », « jamais », « souvent », « tous les... ».

*Ex. : Ils jouent **toujours** au bridge le lundi.*

a. .... ans, ils partent en vacances en juillet.
b. ...., le mardi et le vendredi il va faire du sport.
c. Au cinéma, au concert, en promenade, on les voit .... ensemble.
d. Ils aiment beaucoup le cinéma ; mais ils vont .... au théâtre.
e. Ils ne vont .... danser, ils n'aiment pas ça.

29 ■ Posez les questions.

Ex. : ***Vous vous promenez souvent ?*** *– Nous faisons toujours une promenade le lundi.*

a. ....?

– Oui, nous nous téléphonons souvent.

b. ....?

– Non, nous allons rarement faire du ski.

c. ....?

– J'ai commencé à travailler à l'âge de dix-huit ans.

d. ....?

– Oui, je continue de lui téléphoner une fois par semaine.

e. ....?

– Non, je me suis arrêté de travailler il y a un an.

30 ■ Un jour..., ce qui a changé... Faites comme dans l'exemple.

Ex. : Avoir mauvais caractère ; rencontrer Mireille ; devenir calme. → ***Il avait mauvais caractère ; un jour il a rencontré Mireille, il est devenu calme.***

a. Ne jamais rester à la maison ; trouver un nouvel appartement ; ne plus vouloir sortir.

– ....

....

b. Ne jamais écouter de musique ; aller à l'opéra ; connaître tous les chanteurs et chanteuses d'opéra ;

– ....

....

c. Ne pas savoir quoi faire ; rencontre un journaliste ; devenir photographe de presse.

– ....

....

d. Ne pas savoir où aller ; lire un roman sur l'Inde ; partir travailler pour Médecin sans Frontières.

– ....

....

e. Faire du shopping ; être remarqué par un directeur de production ; devenir animatrice de télévision.

– ....

....

écrit

31 ■ Racontez un évènement qui a changé vos habitudes.

....

....

....

....

....

....

....

....

6 connaître quelques repères d'histoire

vocabulaire

32■ Situez les lieux sur la carte.

Situer ① La Rochelle,
② Vichy,
③ Toulon,
④ Marseille,
⑤ Verdun.

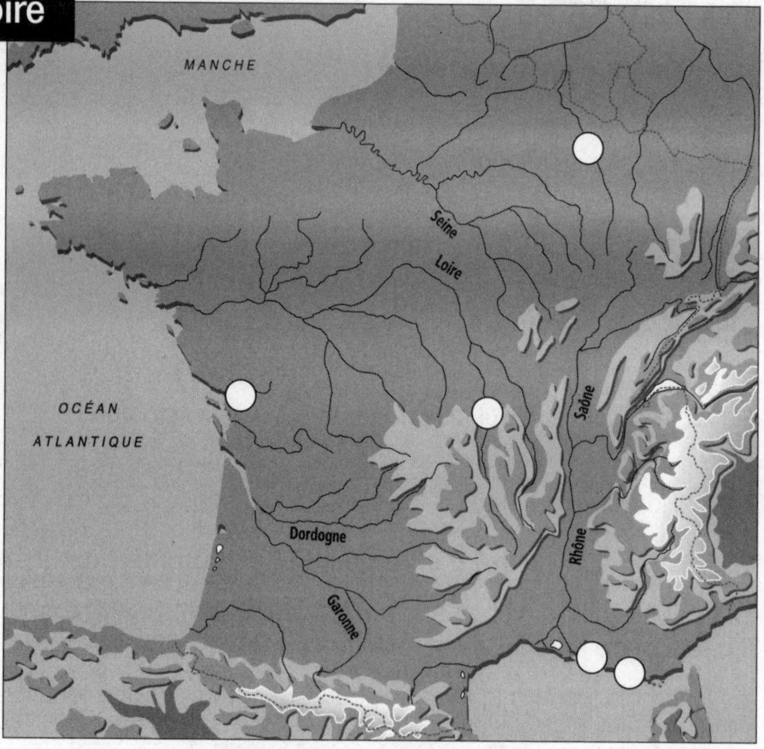

MANCHE
OCÉAN ATLANTIQUE
Seine
Loire
Saône
Rhône
Dordogne
Garonne

33■ Qui étaient-elles ?

écrivain – scientifique – héroïne nationale – révolutionnaire – femme politique.

a. Jeanne d'Arc : ....

b. Louise Michel : ....

c. Marie Curie ....

d. Simone de Beauvoir : ....

e. Simone Weil : ....

34■ Des œuvres qui parlent de l'histoire. Situez l'époque.

empire colonial – Napoléon – XVIIIe siècle – entre-deux guerres mondiales – Révolution française – guerre de religion.

a. *La Marseillaise* (Rude) : ....

b. *La Reine Margot* (Dumas) : ....

c. *L'Étranger* (Camus) : ....

d. *La Chartreuse de Parme* (Stendhal) : ....

e. *L'Amant* (Marguerite Duras) : ....

f. *Le mariage de Figaro* : ....

35■ Histoire et cinéma. Le cinéma raconte :

Jules et Jim – Indochine – Austerlitz – Les Mariés de l'An II – La Grande Vadrouille.

a. la Révolution dans : ....

b. l'épopée napoléonienne dans : ....

c. les relations franco-allemandes dans : ....

d. la Seconde Guerre mondiale dans : ....

e. la colonisation dans : ....

écrit

36■ À quel(s) moment(s) de l'histoire votre pays et la France ont-ils été associés ?

....

entraînement au DELF A1

Les épreuves orales de cette page sont à faire en classe avec votre professeur : les documents sonores se trouvent dans les cassettes collectives de Campus.

1 ÉCOUTEZ

(enregistrement, page 112)

Vrai ou faux ?

	VRAI	FAUX
MON PÈRE		
– se levait à 5 h du matin.	☐	☐
– se couchait tôt.	☐	☐
– prenait souvent des vacances.	☐	☐
MOI		
– je travaille comme tout le monde.	☐	☐
– je prends des vacances une foi par an.	☐	☐

	VRAI	FAUX
AU VILLAGE		
– tout le monde était agriculteur.	☐	☐
– il n'y a plus d'agriculteurs.	☐	☐
– il y a beaucoup d'étrangers, de gens des villes, d'autres régions.	☐	☐
LES LOISIRS		
– il ne se passe rien.	☐	☐
– il y a beaucoup de clubs.	☐	☐
– il n'y a plus de fêtes.	☐	☐

2 PARLEZ

Regardez cette photo de la rue Lepic, à Montmartre. Imaginez et décrivez ce qui a changé : maisons, commerces, moyens de transport, façons de s'habiller.

3 ÉCRIVEZ

Vous avez pris quelques notes au téléphone :

départ mardi 19 h 30,
arrivée Singapour
mercredi 16 h 30
Hôtel « Raffles » :
rendez-vous dîner 20 h
Jeudi 9 h : réunion de
travail (directeur)
11 h : visite de l'entreprise
13 h : lunch sur place avec
les responsables d'unités
14 h 30 : présentation des
unités
17 h : synthèse, évaluation,
propositions
19 h : retour à l'hôtel
21 h 30 : aéroport ; départ
pour Hong Kong

Vous rédigez maintenant le programme pour le Directeur des études.

....
....
....
....
....
....
....
....
....

1 parler d'une entreprise

vocabulaire

1■ Cochez la bonne réponse.

Le tirage de chaque journal est :	Régional	National	International
a. *L'Est Républicain*	☐	☐	☐
b. *Ouest France*	☐	☐	☐
c. *Le Provençal*	☐	☐	☐
d. *Le Monde*	☐	☐	☐
e. *Dernières Nouvelles d'Alsace*	☐	☐	☐
f. *Le Figaro*	☐	☐	☐
g. *Libération*	☐	☐	☐
h. *Le Parisien*	☐	☐	☐
i. *Le Progrès de Lyon*	☐	☐	☐

2■ Cochez la bonne case.

	VRAI	FAUX
a. Hebdomadaire = toutes les semaines	☐	☐
b. Mensuel = tous les mois	☐	☐
c. Quotidien = tous les jours	☐	☐
d. Trimestriel = tous les trois mois	☐	☐
e. Bi-hebdomadaire = toutes les deux semaines	☐	☐
f. Bi-mensuel = tous les deux mois	☐	☐

3■ Complétez.

Action	Activité	Personne
acheter	***achat***	***acheteur***
....	édition	....
rédiger	....	....
....	fabrication	....
vendre	....	....
....	....	photographe
lire	....	....

4■ Éliminez l'intrus.

a. magazine ; revue ; journal ; rubrique.

b. écrire ; rédiger ; prendre des notes ; acheter.

c. dépêches ; parution ; brèves ; unes.

d. informations ; nouvelles ; communiqués ; exemplaires.

grammaire

5■ Trouvez les questions.

Ex. : ***Qui part en reportage ?*** *– Les journalistes partent en reportage.*

a. .... ?

Le chef d'entreprise recrute ses collaborateurs.

b. ....?

L'usine fabrique les produits.

c. ....?

Le bureau d'études crée les produits.

d. ....?

Les produits sont vendus dans les boutiques ou dans les grands magasins.

e. ....?

Les vendeurs s'occupent des clients.

écrit

6■ Vous êtes reporter, vous interviewez un chef d'entreprise. Il vous parle de son métier. Vous rédigez les questions.

....

....

....

....

2 exprimer un besoin

vocabulaire

7■ Où trouve-t-on ces affiches ?

cinéma – soldes magasin – agence de voyage – association – agence pour l'emploi.

derniers jours

PROFITEZ-EN

(a)

....

....

(d)

....

(c)

....

(e)

....

8■ Faites l'inventaire. Utilisez les expressions « j'en ai », « je n'en ai pas », « il y en a », « il n'y en a pas ».

– Est-ce que tu as ?

a. une ceinture : ***J'en ai une.***

b. des cadeaux : ....

c. du thé : ....

d. des pots de confiture ....

e. de l'eau minérale ....

f. du Coca-Cola ....

g. du Perrier ....

– Est-ce qu'il y a ?

h. des pâtes : ***non, il n'y en a pas.***

i. un pull ....

j. des CD ....

k. des livres ....

l. un journal ....

m. un jeu vidéo ....

n. un chapeau ....

grammaire

9■ Mettez à l'impératif.

Ex. : Je peux prendre un peu de gâteau ? – ***Oui, prenez-en.***

a. Je dois acheter des fruits ?

– Oui, ...

b. Je mets une cerise sur le gâteau ?

– Non, ...

c. Nous pouvons faire une tarte aux fraises ?

– Oui, ...

d. Je peux m'en aller ?

– Non, ...

10■ Répondez comme dans l'exemple.

Ex. : Vous connaissez bien notre entreprise ? – Oui, je ***la*** *connais bien.*

a. Vous connaissez notre journal ?

– Oui, ...

b. Vous avez rencontré une de nos rédactrices ?

– Oui, ...

c. Vous avez déjà écrit un article ?

– Oui, ...

d. Tu prends ton ordinateur pour écrire ?

– Non, ...

écrit

11■ Écrivez votre recette préférée. Utilisez l'impératif.

....

....

....

....

parler du futur

vocabulaire

12■ Les situations du futur.
Dites dans quel genre de document, de texte, de situation on rencontre le futur. Aidez-vous de la liste.

Ex. : Dans un film de science-fiction.

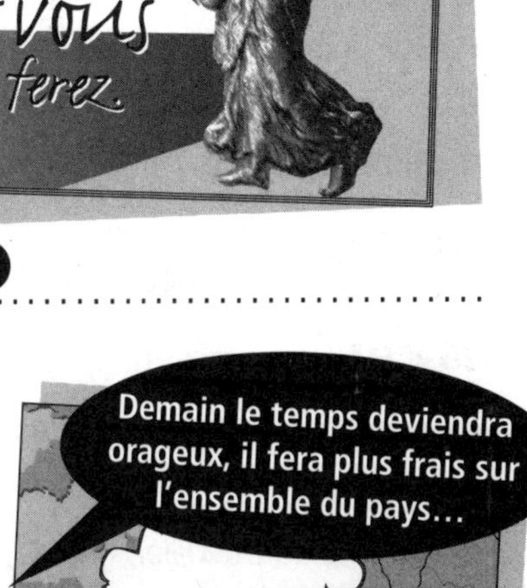

❷ ....

❶

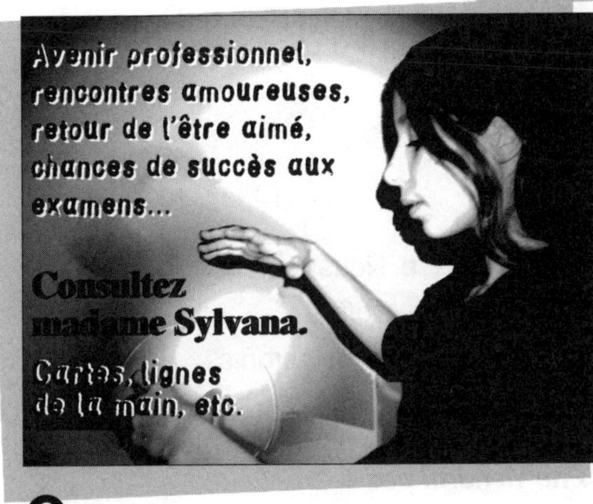

❸ ....

Demain le temps deviendra orageux, il fera plus frais sur l'ensemble du pays...

❹ ....

Cherchons notre
DIRECTEUR COMMERCIAL.
Vous serez responsable de ce nouveau secteur ; vous travaillerez sur de nouveaux marchés, vous mettrez en œuvre des stratégies adaptées.

❺ ....

petites annonces – titre de livre, titre de film – Météo – publicité pour un parti politique – publicité pour une voyante.

13■ Retrouvez dans l'exercice précédent les mots qui expriment le futur.

....

grammaire

14■ Complétez au futur.

a. Il *(venir)* .... demain à vélo.
b. Elle *(prendre)* .... le train dans une semaine.
c. Est-ce que dans le futur nous *(parler)* .... tous la même langue ?
d. Le mois prochain, vous *(faire)* .... le voyage en train ou en avion ?
e. Après-demain, ta secrétaire *(pouvoir)* .... rester après 18 h 30 ?
f. Désolé, mais je pense que je *(être)* .... en retard.
g. Allô, oui, nous sommes sur l'autoroute, il y a un embouteillage, nous *(avoir)* .... une heure de retard !

15■ Trouvez la question.

*Ex. : **Quand est-ce que tu viendras ?** – Je viendrai demain.*

a. ....?
– J'aurai besoin d'un écran et d'un rétroprojecteur.
b. ....?
– Oui, j'en reprendrai un peu, c'est très bon.
c. ....?
– Oui, je pense qu'elle vous en prêtera, ce n'est pas une somme d'argent énorme.
d. ....?
– Je me lèverai à 7 h.
e. ....?
– Pour le voyage, nous choisirons un programme original.

16■ Rêvons un peu.

*Ex. : Quand je **serai** grand, je **serai** président.*

Quand j'aurai de l'argent...
a. Tu *(ne plus travailler)* .... **b.** Nous *(voyager)* .... toute l'année.
c. Nous *(vivre)* .... à l'hôtel. **d.** Tu *(s'offrir)* .... les plus belles robes.
e. Nous *(aller)* .... dans les meilleurs restaurants.

17■ Répondez négativement.

Ex. : Tu viendras demain ? – ***Non, je ne viendrai pas.***

a. Nous partirons ensemble ? – Non, ...
b. Tu lui téléphoneras ? – Non, ...
c. Tu penses qu'elle le reconnaîtra ? – Non, ...
d. Vous suivrez ses conseils ? – Non, ...
e. Quand ils reviendront en France, ils s'y installeront ? – Non, ...

écrit

18■ Décrivez la maison de vos rêves.

....
....
....

4 présenter les étapes d'une réalisation

vocabulaire

19■ Identifiez.

a. Les secteurs de l'entreprise : ....
b. Les acteurs : ....
c. Les activités : ....

concurrents – réunions – études – administration – réseau (de vente) – partenaires – informaticien – secrétaires – commercial – produits – directeur – publicité – salons – gestion – projets – ingénieur – personnel.

20■ Que font-ils ?

Ex. : L'administration ***administre****.*

La gestion .... Le commercial ....

La publicité .... Les ingénieurs ....
Le directeur .... Les partenaires ....
Le réseau (de vente) ....

grammaire

21 ■ Complétez avec les mots de liaison.

.... il s'est levé, ... il s'est lavé, ... il a pris son petit déjeuner.
.... il a regardé sa montre .... il a compris qu'il était très tôt, il s'est recouché.

D'abord – puis – alors – tout à coup – ensuite...

22 ■ « Encore » ou « déjà » ?

Ex. : Il est déjà parti déjeuner ? – ***Non, il n'est pas encore arrivé.***

a. Je vais en reportage, tu viens avec moi ?
– Non, *(finir l'article)* ....
b. Tu prends des congés le mois prochain ?
– Non, *(prendre)* ....
c. Tu me prêtes le nouveau disque de Manu Chao ?
– Non, *(écouter)* ....
d. Vous avez lu la nouvelle dans le journal ?
– Non, *(lire)* ....
e. Tu connais le DJ ?
– Oui, *(entendre)* ....

23 ■ Futur proche ou futur simple. Rédigez la question.

Ex. : ***Il va partir demain ?*** *– Oui, il partira demain.*

a. ....?
– Je mettrai ma petite robe noire.
b. ....?
– On l'appellera Sarah.
c. ....?
– Je choisirai un beau tapis.
d. ....?
– Elle traduira le nouveau contrat la semaine prochaine.
e. ....?
– J'inviterai Maxime et Anaïs.

écrit

24 ■ Vous êtes un(e) voyant(e). Faites le portrait de la personne qui vient consulter puis dites ce que vous lui prédisez (amour, mariage, travail, examen, santé).

....
....
....
....
....

5 rapporter des paroles

vocabulaire

25■ Faites correspondre les noms et les verbes.

a. Adresse électronique : ....
b. Mél, e-mail : ....
c. Logiciel (gratuit, libre d'accès) : ....
d. Site (préféré, favori) : ....
e. Fichier : ....
f. Code (d'accès, secret) : ....
g. Réseau : ....
h. Ordinateur : ....

se connecter – faire – allumer/éteindre – travailler – envoyer – sauvegarder – donner – aller.

26■ Construisez des expressions avec le vocabulaire de l'exercice précédent.

Ex. : Je donne mon adresse électronique.

....

....

grammaire

27■ Rapportez les paroles suivantes à l'aide des verbes entre parenthèses.

Ex. : À quelle heure tu viens ? (demander) → ***Elle demande quand il vient.***

a. « Pour la troisième fois, non, il n'est pas encore arrivé. »
(répéter) → Il ....

b. « J'en suis sûr, c'est lui son cousin. »
(affirmer) → Il ....

c. « Non, je n'ai pas volé le fichier. »
(nier) → Il ....

d. « Non, merci, je n'en reprendrai pas. »
(répondre) → Elle ....

e. « Au revoir et merci, je m'en vais. »
(dire) → Il ....

28■ Faites comme dans l'exemple.

Ex. : Anaïs : « Il remercie l'équipe ; notre projet l'intéresse. »
→ ***Anaïs dit qu'il les remercie et que le projet l'intéresse.***

a. Antoine : « Qui vient rencontrer avec moi le directeur de Doucet Multimédia ? »
→ ....

b. Maxime : « Où aura lieu la présentation ? »
→ ....

c. Anaïs : « Je ne pourrai pas venir, j'ai déjà un rendez-vous. »
→ ....

d. Maxime : « Qu'est-ce qu'on va lui présenter ? »
→ ....

29■ Présentez la conférence de presse sous une forme rédigée.

(Extrait de la conférence de presse)
Journaliste 1 : **Monsieur le président, comment pensez-vous agir sur le cadre de vie ?**
Le président : **Par une politique du logement dynamique et par une attention à l'environnement, par plus de sécurité aussi.**

Journaliste 2 : Mais vous l'avez déjà promis !
Le président : Où l'avez-vous entendu ?
Journaliste 1 : Quand vous étiez en voyage à Marseille !
Le président : À l'époque, je n'avais pas les moyens de faire la politique souhaitée.
Journaliste 2 : Et maintenant vous les avez ?
Le président : Je vais les avoir.

Le journaliste voudrait savoir comment le président ....

....

....

....

....

écrit

30■ Vous êtes témoin d'un accident entre un piéton et un automobiliste. Racontez.

....

....

....

....

6 faire un projet de réalisation

vocabulaire

31■ Associez le mot et son explication.

a. source
b. agence de presse
c. idole
d. scandale
e. consulter
f. alimentation
g. orchestre
h. studio
i. sortie
j. comédien

1. appartement avec une seule pièce
2. joue au théâtre ou au cinéma
3. utile pour les journalistes ; on trouve là les nouvelles du monde entier.
4. quand de nombreux musiciens jouent ensemble
5. prendre le conseil de quelqu'un sur son projet
6. le fait d'aller au cinéma, au théâtre
7. l'ensemble des légumes, des boissons, de la viande pour se nourrir
8. commencement d'une rivière
9. incident qui choque la société
10. acteur, chanteur préféré entre tous

grammaire

32 ■ Donnez des conseils pour réaliser un projet.

*Ex. : Écrire : **Écrivez votre projet.***

a. *(consulter)* .... vos camarades.
b. *(partager)* .... vos solutions.
c. *(prendre)* .... des conseils.
d. *(travailler)* .... ensemble.
e. *(suivre)* .... vos idées.
f. *(faire attention)* .... aux difficultés.
g. *(se voir)* .... souvent.
h. *(se parler)* .... beaucoup.
i. *(ne pas avoir honte)* .... d'être original.
j. *(convenir)* .... d'une présentation en commun.

33 ■ Énumérez les actions à accomplir dans l'ordre donné.

*Ex. : **Choisir** une idée.*

a. .... un projet.
b. .... des études.
c. .... les possibilités.
d. .... des décisions.
e. .... le travail.
f. .... la fabrication.
g. .... l'objet.

Suivre, élaborer, examiner, construire, partager, présenter, prendre, faire.

34 ■ Présentez le projet.

« Des éléments de couleur en métal *(former)* .... la structure du fauteuil. Des coussins *(permettre)* .... d'être assis confortablement. Un thermostat *(régler)* .... la température souhaitée. Vous *(devoir)* .... brancher la prise du fauteuil dix minutes avant de vous asseoir. Vous *(régler)* .... ensuite la température souhaitée et *(rester)* .... assis tout le temps voulu. »

écrit

35 ■ À votre tour, présentez un projet célèbre ou imaginaire. Vous précisez le lieu, l'époque, l'auteur, l'idée, la réalisation et le succès.

....
....
....
....
....
....

entraînement au DELF A1

Les épreuves orales de cette page sont à faire en classe avec votre professeur : les documents sonores se trouvent dans les cassettes collectives de Campus.

1 ÉCOUTEZ

(enregistrement, page 127)

Cochez la bonne réponse.

CAPITAL
- ☐ 6 000 €
- ☐ 10 000 €
- ☐ 80 000 €

STOCK
- ☐ 20 000 livres
- ☐ 5 000 livres
- ☐ 15 000 livres

SURFACE DE LA BOUTIQUE
- ☐ 100 m^2
- ☐ 500 m^2
- ☐ 200 m^2

PRÉSENCE
- ☐ tout le temps
- ☐ à plein temps
- ☐ tous les après-midi

2 PARLEZ

Présentez l'entreprise, l'administration, le service, le commerce ou vous-même ou une de vos connaissances travaillez.
Vous présentez l'activité ; vous dites son importance, les différents services qui la composent, ce que vous faites plus spécialement, si ça vous plaît et pourquoi.

3 ÉCRIVEZ

Vous devez organiser un voyage en France pour votre groupe ou pour votre classe. Vous vous êtes répartis le travail. À vous d'écrire en France à l'office de tourisme de la ville choisie : vous présentez votre projet et vous demandez des informations.

....
....
....
....
....
....
....
....

1 coordonner des actions

vocabulaire

1■ Faites correspondre les répliques et les situations.
Où peut-on entendre ces phrases ?

a. J'ai trouvé ça bon, et toi, c'était comment ? ....

b. Très bien le show. ....

c. – Tu as trouvé comment le nouveau Woody ? – Moins bon que le précédent. ....

d. Finalement j'ai mieux aimé la Chine. ....

e. Je crois que c'est le meilleur candidat. ....

f. Si vous trouvez moins cher, on vous donne la différence. ....

g. Elle est plus belle et elle joue mieux que... comment elle s'appelle déjà ? ....

h. Finalement, on vit aussi bien ici qu'ailleurs. ....

le choix d'une réponse à une offre d'emploi – un plat au restaurant – une publicité – le niveau de vie dans un pays – une actrice de cinéma – à la fin d'un spectacle – à propos d'un film – à propos dun voyage – un choix politique.

2■ Barrez le mot en trop dans chaque phrase.

Ex. : Arvel lave plus blanc ~~aussi~~ que Bash.

a. Conduire un train est aussi fatigant plus que conduire une voiture.

b. Cette exposition est aussi meilleure que la précédente.

c. L'accueil de ce pays est beaucoup bien mieux organisé.

d. J'ai trouvé la meilleure représentation très bonne.

grammaire

3■ Complétez.

*Ex. : Quel bruit ! Le cadre de vie est **plus** agréable ici **que** là-bas.*

a. Les congés sont .... longs en Europe .... aux États-Unis.

b. Les bénéfices baissent, ils sont .... importants .... l'année dernière.

c. Je trouve que le frère et la sœur sont .... gentils l'un .... l'autre.

d. Romain est très rapide ; je cours beaucoup .... vite .... lui.

e. Tu as vu la qualité ! C'est beaucoup .... dans l'autre magasin.

4■ Complétez avec « bon », « bien », « mieux », « meilleur », « le meilleur ».

Deux amateurs de cinéma discutent :

– Luc Besson est un .... réalisateur, c'est vrai ; il filme très .... les scènes d'action.

– Moi, je trouve que Mathieu Kassowitz est .... Ses scénarios sont .... écrits, c'est plus complexe. Pour moi, Kassowitz est .... cinéaste de sa génération.

5■ Complétez avec « plus », « meilleur », « bon », « moins ».

*Ex. : Vous n'avez rien de **mieux** ? – Non, désolé.*

a. Je trouve finalement Paris .... agréable à vivre que Londres.

– Moi, c'est le contraire.

b. Ce n'est pas .... marché !

– C'est une très belle montre, monsieur !

c. Vous n'avez rien de .... cher ?

– Si, ce tapis marocain est .... cher que celui du Belouchistan.

d. Je voudrais ....

– Prenez ça ! Il n'y a rien de mieux !

6■ « Bon » ou « bien » ?

a. C'est un type ....

b. – Tu as goûté ? C'est très ....

c. – Tu trouves .... ses sculptures ? – Oui, j'aime .... C'est un .... sculpteur.

d. – Vous connaissez .... Bordeaux ? – Surtout ses .... vins.

e. – Alors les résultats ? – Pas ....

2 commentez des quantités et des actions

vocabulaire

7■ Trouvez le contraire.

Ex. : partir ≠ ***rester.***

a. vendre ≠ ....

b. chance ≠ ....

c. gagner ≠ ....

d. souvent ≠ ....

e. à l'aise ≠ ....

f. travail ≠ ....

g. cher ≠ ....

8■ Ressemblances et différences. Comparez ces deux portraits.

grammaire

9■ Constatez.

Ex. : Pascal travaille 10 heures par jour, Antoine, 8. → ***Pascal travaille beaucoup plus qu'Antoine.***

a. Anaïs gagne 2 500 €, Laure, 2 450 €.

→ Laure ....

b. Romain dépense 500 €, Camille 950 €.

→ Camille ....

c. Patrick sort une fois par semaine, Maria, quatre fois.

→ Patrick ....

d. Inès joue 7 jours sur 7, Maria, 6 jours sur 7.

→ Maria ....

e. Patrick lit 20 livres par an, Romain, 5.

→ Patrick ....

10 ■ Pourquoi ? Parce que... il veut tout savoir. Répondez comme dans l'exemple.

Ex. : Pourquoi Camille a choisi la « Scenic » ? – ***Parce qu'elle la trouve plus mignonne.***

a. Pourquoi tu te couches tôt ?
(se lever tôt) – ....

b. Pourquoi tu ne voyages qu'en voiture ou en train ?
(peur de l'avion) – ....

c. Pourquoi vous n'habitez pas en ville ?
(préférer la campagne) – ....

d. Pourquoi elle quitte l'entreprise ?
(travailler au Mexique) – ....

e. Pourquoi tu ne sors pas ce soir ?
(ne pas avoir envie) – ....

écrit

11 ■ Difficile de choisir. Comparez ces maisons.

a

b

c

....
....
....
....

vocabulaire

12■ Des mots semblables et différents.

a. De l'oral à l'écrit.

Oral : J'sais pas si j'pourrais faire c'que vous v'lez.

Écrit : ....

b. À partir de mots quotidiens, voici des expressions de professionnels. Trouvez leur sens.
Ex. : Frigo = frigidaire.

Mettre une information au frigo = ...

Ex. : Chapeau = se met sur la tête pour la couvrir.

Chapeau (ou chapô) d'un article de presse = ...

c. Développez les abréviations :

– Simples : ciné = ...

– Courtes : M. = ... ; N° = ...

– Des sigles : HLM = ... ; .... RMI = ...

d. Des mots français venus d'ailleurs : qu'est-ce que c'est ? Devinez.

– d'Afrique : une essencerie = ...

– de Belgique : cartes vue = ...

– du Canada : casse-croûte = ...

grammaire

13■ Comparatif ou superlatif ?

Ex. : Il a ***plus de*** *chance* ***que*** *moi.*

a. Cette voiture est .... spacieuse.

b. Regarde, c'est la publicité .... originale et .... commerciale.

c. Trouvez-moi un collaborateur .... compétent.

d. Notre journal est .... lu de tous.

e. Vous connaissez le film « Le jour .... long » ?

f. Vous pouvez chercher, il n'y a pas .... journaliste dans notre journal que Philippe.

14■ Transformez.

Ex. : L'Équipe *est plus lu que les autres journaux.* → ***C'est le journal le plus lu.***

Des choses de la vie des Français qu'il faut connaître...

a. Pour les Français, il n'y a pas de fête plus importante que Noël.

→ ....

b. Le Président et le Premier ministre sont plus connus que les autres hommes ou femmes politiques.

→ ....

c. L'élection du Président est plus importante que les autres.

→ ....

d. Le football est plus pratiqué que les autres sports.

→ ....

e. Le cinéma est plus fréquenté que les autres spectacles.

→ ....

15■ C'est plus ou c'est moins ? Faites comme dans l'exemple.

*Ex. : 350, c'est le plus grand nombre de fromages en Europe ? – **Oui, c'est le plus grand nombre.***

a. Dix millions d'habitants en Île-de-France, c'est plus que la région de Londres ?

....

b. Où est-ce qu'il y a le plus de visiteurs : à la tour Eiffel ou à Dysneyland ?

....

c. Quel est le sport le plus pratiqué : le football, le tennis ou le judo ?

....

d. Quel est le loisir le moins pratiqué : le sport, la lecture ou la télévision ?

....

e. Il y a 170 millions de spectateurs de cinéma, c'est beaucoup plus ou beaucoup moins que dans les autres pays d'Europe ?

....

écrit

16■ Construisez un quizz de connaissance de la France (avec l'aide de votre livre) sur le modèle de l'exercice 19 (5 questions).

....

....

....

....

....

....

4 faire des suppositions

vocabulaire

17■ Formulez la demande. Faites correspondre les situations et les réponses.

a. M'aider à transporter le ficus.
b. Prêter sa voiture.
c. Proposer d'aller faire du sport.
d. Aider quelqu'un.
e. Proposer d'aller au cinéma.
f. Proposer d'écouter un disque.

1. Non excuse-moi, je n'ai pas le temps.
2. Tiens, voilà les clés.
3. Oh ! oui, je ne l'ai jamais entendu.
4. D'accord, rendez-vous dimanche au stade.
5. Non pas aujourd'hui, j'ai envie d'aller me promener.
6. Alors, qu'est-ce que je dois faire ?

18■ Trouvez la réponse à la suggestion.

*Ex. : – Et si je dis non ? – **Je serai de mauvaise humeur.***

a. On prend un petit café ?

– ....

b. On s'arrête un peu ?

– ....

c. Je peux ouvrir la fenêtre ?

– ....

d. Si on recommence à 3 h, ça va ?

– ....

e. On va au resto ce soir ?

– ....

Je préfère avancer – Au resto oui, mais quel resto ? – Pas plus tard, je voudrais partir tôt – Oh oui, volontiers – Non j'ai froid.

grammaire

19■ Complétez avec « amener », « emmener », « apporter », « aller chercher », « accompagner », « emporter ».

a. Camille, vous pouvez .... le contrat ?
b. Je t' .... au cinéma ce soir ? Oui, si tu m' .... en voiture.
c. Pour le dîner ce soir, ... un peu de pain, je n'en ai plus.
d. Si on ne rentre pas avant ce soir, on .... quoi ? des sandwiches ?
e. Je prends le bus, tu m' .... ?
f. Je .... le rétroprojecteur au bureau, tu sais où il est ?

20■ Complétez.

Si (on, tu, il, elle, nous, vous, ils) le font, ça se passera vraiment comme ça...
Ex. : Si elle met le ficus dans son studio, ***elle ne pourra plus bouger****.*

a. *(n'avoir plus faim)* : Si tu manges maintenant, ...
b. *(faire le projet seul)* : Si nous ne trouvons pas de partenaire, ...
c. *(être très triste)* : Si elle ne vient pas à ma fête, je ....
d. *(croire)* : Si tu racontes cette histoire, personne ....
e. *(recruter)* : Si je pars, vous .... ?

21■ Faites des suppositions comme dans l'exemple.

Ex. : A – ***Et si je ne parle pas ?*** *B – Je serai de mauvaise humeur.*

a. A – *(partir)* .... ?
B – Je partirai seule.
b. A – *(appeler)* .... ?
B – C'est moi qui t'appellerai.
c. A – *(faire attention)* .... ?
B – Vous deviendrez très gros.
d. A – *(venir en vacances avec toi)* .... ?
B – Je resterai ici.
e. A – *(vouloir cette voiture)* .... ?
B – Je la vendrai !

écrit

22■ Et s'il ne veut pas se marier, qu'est-ce que vous lui direz ?
Et si elle ne veut pas se marier, qu'est-ce que vous lui direz ?

....
....
....
....

5 comparer les lieux

vocabulaire

23■ Classez les mots de la liste.

Relief : ***colline,*** ....

Eau : ***lac,*** ....

Végétaux : ***fleurs,*** ....

forêt – fleuve – plaine – océan – colline – plage – cascade – arbres – lac – sommet – rivière – fleurs – montagne – mer – vallée.

24■ Décrivez le temps qu'il fait : classez les expressions.

Beau temps	Mauvais temps
....	....
....	....
....	....
....	....

il fait chaud – il y a du soleil – il fait du vent – il pleut – il gèle – il fait doux – j'ai froid – nuageux – les températures sont fraîches – il y a un orage – il fait bon – les températures sont douces – il neige – il fait beau – j'ai chaud.

25■ Éliminez l'intrus.

a. chaud ; lourd ; orageux ; gel ; doux ; ensoleillé.

b. pluie ; vent ; soleil ; neige ; orage ; nuageux.

c. il neige ; il pleut ; il fait froid ; il gèle ; il y a un orage ; le vent souffle.

grammaire

26■ Complétez avec des verbes au temps qui convient.

Parler de la pluie et du beau temps.

a. – Il .... pendant vos vacances ?
– Oui, nous .... un temps magnifique.

b. – Quel temps .... demain ?
– La météo .... un temps orageux.

c. – Il .... froid dehors ?
– Oui, et il .... beaucoup de vent.

d. – Tu te souviens de l'hiver dernier ?
– Oh, oui, il .... très froid et il .... beaucoup .... ; la campagne était toute blanche.

27■ Exprimez un point de vue avec les mots « aimer », « préférer », « adorer », « trouver », « détester », « s'intéresser ».

Ex. : Pourquoi est-ce que Camille aime la mer ? (se baigner) → ***Parce qu'elle adore se baigner.***

a. Pourquoi est-ce qu'Antoine préfère passer ses vacances à la montagne ?
(se promener) ....

b. Pourquoi est-ce que Romain passe ses vacances en ville ?
(nature dangereuse) ....

c. Pourquoi est-ce que Marie-Sophie va tous les étés en Italie ?
(les Italiens !) ....

d. Pourquoi est-ce que Patrick aime voyager en Grèce ?
(civilisations anciennes) ....

e. Pourquoi est-ce que Stéphane va toujours en janvier et en février en Amérique centrale et en Amérique du Sud ?
(l'hiver en Europe) ....

28■ Rappelle-toi, quel voyage ! Complétez ce récit.

« On était partis un beau jour du mois de mai, il .... un temps magnifique.
L'été .... déjà là. L'air .... bon et il .... une lumière très douce.
Quand nous .... en Grèce, nous .... tout de suite partis vers le nord. L'arrivée à Delphes .... magique. Quelle beauté ! Nous .... là des heures au milieu des ruines des temples. Nous .... le sentiment de vivre un moment d'éternité.
Puis nous .... à Athènes pour découvrir d'autres merveilles, mais aussi les petits cafés de Plaka et la gentillesse des Grecs. »

écrit

29■ Décrivez cette photo et imaginez le voyage autour de cette photo.

....
....
....
....
....
....
....
....
....
....
....

parler de la télévision

vocabulaire

30■ Radio ou télévision : donnez les équivalents.

À la radio	À la télévision
Un poste de radio	***un téléviseur***
....	une chaîne de télévision
un auditeur	....
un animateur	....
....	le câble
changer de station	....
écouter	....

31■ Éliminez l'intrus.

a. Genres : magazine ; reportage ; jeux ; téléfilm.
b. Formes : interview ; reportage ; feuilleton ; débat.
c. Récepteurs : téléspectateur ; auditeur ; lecteur ; présentateur.
d. Acteurs : reporter ; animateur ; présentateur ; spectateur.
e. Actions : zapper ; regarder ; écouter ; écrire.

32■ Faites correspondre.

Quand je regarde une émission sur...	**Je m'intéresse...**
a. l'amour fou	**1.** à l'argent
b. les cyberbébés	**2.** à la nature
c. la faune	**3.** à la science
d. l'enquête de la commissaire	**4.** aux sentiments
e. les milliardaires	**5.** aux autres
f. les célébrités	**6.** à la société
g. des peuples lointains	**7.** au show-business

grammaire

33■ Pour orienter un choix, posez des questions selon la situation.

Ex. : ***Ce soir il y a un feuilleton, un téléfilm, le débat, qu'est-ce que tu veux regarder ?***
– Je voudrais bien regarder le débat sur les relations parents-enfants !

a. .... ?
– J'aimerais voir le feuilleton.
b. .... ?
– Je préfère regarder le téléfilm, mais si tu veux regarder le feuilleton...
c. .... ?
– J'ai envie de regarder le jeu.

34■ Pourquoi ? Parce que... Répondez aux questions en utilisant des pronoms.

Ex. : Pourquoi tu ne regardes pas les émissions de variétés ? – ***Parce qu'il y en a trop.***

a. Pourquoi tu n'as pas la télévision ?
(vouloir) ....
b. Pourquoi tu ne veux pas regarder le jeu, c'est très drôle ?
(avoir envie) ....
c. Pourquoi tu ne regardes que les émissions politiques ?
(adorer) ....
d. Pourquoi tu ne parles jamais des émissions de télévision ?
(regarder) ....

écrit

35■ Mon programme de télévision idéal.

....
....
....

entraînement au DELF A1

Les épreuves orales de cette page sont à faire en classe avec votre professeur : les documents sonores se trouvent dans les cassettes collectives de Campus.

1 ÉCOUTEZ

(enregistrement, page 140)

Écoutez et notez les différences.

	15 AOÛT	1er AVRIL
Temps	....	....
Vent	....	....
Orages/pluie	....	....
Températures	....	....

2 PARLEZ

Vous souhaitez partir en vacances au soleil. Vous téléphonez à une agence de voyages pour obtenir des renseignements sur les offres de l'agence :
– dates de départ, lieu, durée, prestations (hôtel, excursions, loisirs, spectacles...) ; prix.
Vous comparez les différentes offres de l'agence entre elles.

3 ÉCRIVEZ

Pendant vos vacances, un événement a bouleversé votre séjour. Vous écrivez à un ou une amie pour lui raconter cet événement heureux ou malheureux.

....
....
....
....
....
....
....
....

1 poser un problème

vocabulaire

1■ Trouvez le nom.

*Ex. : fêter : **la fête**.*

a. créer : ....

b. rompre : ....

c. solutionner : ....

d. assassiner : ....

e. participer : ....

f. gagner : ....

g. communiquer : ....

h. hésiter : ....

i. proposer : ....

j. rentrer : ....

2■ Dites-le autrement sans utiliser de verbes.

*Ex. : Ils n'ont rien proposé de nouveau. → **Pas de nouvelles propositions.***

a. Des milliers d'emplois ont été créés.

→ ....

b. Le gouvernement communique difficilement avec les fonctionnaires.

→ ....

c. L'équipe de France de football a gagné magnifiquement.

→ ....

d. Ils hésitent encore à rentrer au pays.

→ ....

e. Ils ont été peu nombreux à participer à la fête.

→ ....

3■ Dites-le autrement pour varier le vocabulaire dans un même texte.

*Ex. : nombreux : **un grand nombre de ; beaucoup de...***

a. l'emploi : ....

b. le chef d'entreprise : ....

c. l'entreprise : ....

d. le problème : ....

grammaire

4■ Posez le problème et dites-le autrement.

*Ex. : Les jeunes fument trop : → **Comment aider les jeunes à moins fumer ?***

a. Dire non à la dictature des médias.

....

b. Relation des hommes politiques face aux chasseurs.

....

c. Des solutions pour conserver sa beauté.

....

d. Bien manger et mieux vivre, c'est possible !

....

écrit

5■ Réduisez ce texte.

Sur la route des vacances, le 30 juin, le voyage est devenu une aventure : 10 touristes oubliés sur un parking… L'évènement a eu lieu entre Grenoble et Gap sur la route Napoléon. Il était 7 h du soir et il faisait beau. Les touristes avaient visité Grenoble, le château de Vizille, point de départ de la Révolution française. Ils s'étaient arrêté sur le plateau du Vercors, haut lieu de la résistance.
La surprise a été grande. Un passager raconte : « Tout s'est passé très vite. Quelqu'un a vu le car s'éloigner, a couru derrière, a crié. Mais rien à faire, le car a continué. »
Les touristes étaient en train d'admirer le paysage. Ils n'ont pas entendu le chauffeur appeler. Celui-ci était très mécontent de l'indiscipline des voyageurs qui n'étaient jamais à l'heure. Il a décidé de partir.
Les 10 touristes ont passé la nuit dehors. Ils voulaient arriver à Gap pour l'heure du dîner. Personne ne s'est arrêté pour les aider. ■

....

....

....

....

6■ Rédigez à votre tour un fait divers sur le modèle « qui, quoi, où, quand, comment, pourquoi ».

....

....

....

....

2 caractériser une action

vocabulaire

7■ Trouvez l'adverbe.

*Ex. : lent : **lentement.***

a. froid : ....
b. différent : ....
c. rapide : ....
d. rare : ....
e. gentil : ....
f. difficile : ....
g. généreux : ....
h. intelligent : ....
i. parfait : ....

8■ Dites-le autrement.

Ex. : Vous travaillez courageusement. → ***Vous travaillez avec courage.***

a. Tu dois lui parler fermement. → ....
b. Je lui ai répondu gentiment. → ....
c. Écris-lui tendrement des mots doux. → ....
d. J'ai trouvé très difficilement votre rue. → ....
e. Il a appris rapidement le français. → ....

grammaire

9■ Répondez en employant « y ».

*Ex. : Il y aura qui à ce débat ? – **Deveau y sera.***

a. Vous êtes déjà allés au Festival de Cannes ?
– Non, ...
b. Tu seras à la conférence ?
– Non, ...
c. Vous viendrez au salon ?
– Oui, ...
d. Alors, vous travaillez beaucoup à ce projet ?
– Oui, ...
e. Tu as réfléchi à ma proposition ?
– Oui, ...

10■ Employez « en » ou « y ».

*Ex. : Vous partez en vacances ? – **Non, nous en revenons.***

a. Vous arrivez de Montpellier ?
– Oui, ...
b. Et vous allez ensuite à Marseille ?
– Oui, ...
c. Vous habitez à Marseille ?
– Oui, ...
d. Vous reprenez un peu d'eau minérale ?
– Oui, ...

e. Et vous avez des enfants ?

– Oui, ...

f. Ils sont déjà à Marseille ?

– Non, ...

écrit

11■ Vous expliquez à un ami ou à une amie :
– comment trouver un stage à l'étranger ;
– comment échanger un appartement pour les vacances.

....

....

....

....

....

....

parler de la santé

vocabulaire

12■ Complétez.

Votre portrait n'est pas très réussi. Apprenez à dessiner !

C'est quoi cette ...., elle est trop grosse : les .... sont trop petits ;
la .... est trop grande ; où est passé .... ?
Pourquoi .... ne se voit-il pas ?
Les .... sont aussi trop longues et les .... beaucoup trop petites.
Pourquoi lui manque-t-il un .... à la main droite ? Et les ...., ce sont ceux de Charlot.

grammaire

13■ Complétez.

Au téléphone avec un ou une collègue.

« Ce matin, je ne .... pas très bien ; j' .... très .... à la tête et j' .... des douleurs partout. Je crois que j' .... la grippe.
Hier soir, j'ai commencé à .... des douleurs. Cette nuit, j'ai pensé, demain ça ....
Mais au réveil je ne .... pas mieux, bien au contraire. Je pense que je ne viendrai pas travailler. »
se sentir – avoir (mal) – aller (mieux) – être.

14■ Complétez.

*Ex. : Ça va ? – **Oui, ça va aller.***

– Je crois que je ne vais pas pouvoir travailler...
– Bon alors, ... *(annuler)* le rendez-vous. Si tu te sens mal, on .... *(recevoir)* les partenaires.
– Quand est-ce qu'on ....*(rencontrer les partenaires)* alors ?
– Quand tu .... *(aller mieux).*
– Et pour le rendez-vous à Athènes ?
– Tu ne .... *(pouvoir partir)* comme ça ! Non, tu .... *(rentrer)* tranquillement à la maison, tu .... *(se reposer)* et on .... *(reparler)* tranquillement de tout ça la semaine prochaine.

15■ Quelques conseils pour être en bonne santé.

*Ex. : (se coucher) : **Couchez-vous tôt.***

a. *(commencer)* : .... lentement la matinée.
b. *(boire)* : .... de l'eau au lever.
c. *(manger)* : .... des fruits et des produits frais.
d. *(prendre)* : .... un bon petit déjeuner.
e. *(faire)* : .... plusieurs pauses courtes dans la journée.
f. *(choisir)* : .... des aliments équilibrés.
g. *(vivre)* : .... le plus possible au grand air.

écrit

16■ Voici quelques proverbes : à quels conseils correspondent-ils :

a. « Aide-toi le ciel t'aidera ».
....
b. « Qui dort dîne ».
....
c. « La nuit porte conseil ».
....
d. « Rien ne sert de courir, il faut partir à temps ».
....

4 interdire - autoriser

vocabulaire

17■ Classez les expressions par catégories.

défense d'entrer – interdit aux moins de 13 ans – pêche interdite – prière de ne pas fumer – baignade interdite – défense de marcher sur les pelouses – interdit de donner à manger aux animaux – stationnement interdit – entrée interdite – prière de ne pas entrer – défense de parler au conducteur – interdit de fumer – pourboire interdit – interdit aux personnes étrangères à l'immeuble – prière de ne pas toucher.

a. .... interdit(e).
b. Défense de ....
c. Prière de ....
d. Interdit ....

grammaire

18■ Dites-le autrement.

Ex. : Il est interdit d'entrer. → ***N'entrez pas !***

a. Il est interdit de skier.

→ ....

b. Il est interdit de téléphoner.

→ ....

c. Il est interdit de quitter son poste de travail.

→ ....

d. Il est interdit de parler à voix haute.

→ ....

19■ Vous interdisez poliment (demander) ou catégoriquement (interdire).

Ex. : À un étudiant de sortir du cours.

– ***Je vous demande d'attendre la fin du cours.***

a. À un employé de quitter son poste de travail.

– ....

b. À un client de toucher aux fruits et légumes.

– ....

c. À un enfant d'aller au match de football.

– ....

d. À un employé de passer des coups de téléphone personnels pendant le service.

– ....

e. À un collaborateur de ne pas recevoir un concurrent en rendez-vous.

– ....

20■ Donnez l'autorisation.

Ex. : Un collaborateur souhaite vous partir à 7 heures au lieu de 9 heures. Qu'est-ce que vous dites ?

– ***Vous pourrez partir à 7 h.***

a. Un étudiant souhaite ne pas devoir assister au prochain cours pour affaire personnelle :

– ....

b. Une assistante souhaite partir une heure plus tôt, à 17 h au lieu de 18 h :

– ....

c. Un client souhaite renvoyer de la marchandise. Vous êtes d'accord :

– ....

d. Le directeur commercial souhaite avoir un collaborateur de plus. Vous donnez votre accord pour le recrutement :

– ....

e. Vous souhaitez couper 20 lignes dans un article. Le rédacteur en chef est d'accord :

– ....

écrit

21 ■ Vous êtes parent : qu'est-ce que vous interdisez, qu'est-ce que vous autorisez ? Faites la liste (10 items).

....

....

....

....

5 connaître la vie politique

vocabulaire

22 ■ Complétez les séries de mots.

élection	*électeur*	*élire*
présidence	....	....
....	gouvernant	....
....	....	administrer
....	manifestant	....
grève	....	....
....	....	sonder
représentation (nationale)	....	....
....	militant	....

23 ■ Ils ont le même sens ; mettez-les ensemble.

Ex. : Le Président = ***Le chef de l'État.***

a. Le Premier ministre = ...

b. Un député = ...

c. Un ministre = ...

d. Le Parlement = ...

e. Les sondages = ...

f. Un ambassadeur = ...

un membre du gouvernement – l'Assemblée nationale – le chef du gouvernement – le représentant de la France – les enquêtes d'opinion – un membre de la représentation nationale.

24■ Qu'est-ce qu'ils font ?

a. Le Président .... le Premier ministre.

b. Le Premier ministre .... les ministres.

c. Le gouvernement .... l'administration.

d. Les députés .... les lois.

e. Les électeurs .... les députés.

f. Le Parlement .... la nation.

g. L'ambassadeur .... la France.

h. Les contribuables .... les impôts.

i. Les juges .... la justice.

j. L'armée .... la nation.

k. Les syndicats .... les travailleurs.

payer – défendre – élire – diriger – rendre – nommer – représenter – choisir – voter.

grammaire

25■ Mettez à l'impératif.

Ex. : Le général de Gaulle : « Françaises, Français, ***aidez-moi !*** *»*

a. Il faut soutenir notre action.

« .... »

b. Vous devez nous rejoindre pour gagner.

« .... »

c. Nous avons besoin de votre soutien.

« .... »

d. Vous devez voter pour les candidats de notre parti.

« .... »

e. Nous devons travailler ensemble à construire l'avenir de notre pays.

« .... »

f. Dimanche, nous gagnerons si nous sommes tous unis.

« .... »

26■ Faire des promesses.

Demain sera mieux qu'aujourd'hui. Nous (gagner) ***gagnerons*** *la bataille de l'emploi.*

a. Nous *(être à l'écoute)* .... des Françaises et des Français.

b. Nous *(défendre)* .... les avantages sociaux.

c. Nous *(interdire)* .... la circulation des camions.

d. Nous *(détruire)* .... les armes nucléaires.

e. Nous *(diminuer)* .... les impôts.

f. Nous *(prendre)* .... des mesures de sécurité pour tous.

écrit

27 ■ Lire un sondage électoral.

a. À quelle élection l'extrême gauche a-t-elle réussi le résultat le plus important ?

....

....

b. Quel a été le plus petit résultat du Front national ?

....

....

c. Quel est le plus petit résultat fait par la droite ?

....

....

d. Quand la gauche a-t-elle fait le plus de résultat ?

....

....

la répartition des voix au premier tour des quatre dernières élections présidentielles

RÉSULTATS DES FAMILLES POLITIQUES AUX ÉLECTIONS PRÉSIDENTIELLES DEPUIS 1974 — en **pourcentage** des suffrages exprimés

	ÉLECTION 1974	ÉLECTION 1981	ÉLECTION 1988	ÉLECTION 1995
■ EXTRÊME GAUCHE	• *1er tour* Laguiller........ 2,33 Krivine........... 0,37 **2,70**	• *1er tour* Laguiller....... 2,30 Bouchardeau 1,11 **3,41**	• *1er tour* Laguiller....... 1,99 Boussel......... 0,38 Juquin........... 2,10 **4,47**	• *1er tour* Laguiller........................ **5,30**
■ GAUCHE	• *1er tour* Muller............ 0,69 Mitterrand.. 43,25 **43,94**	• *1er tour* Marchais..... 15,35 Crépeau......... 2,21 Mitterrand 25,85 **43,41**	• *1er tour* Lajoinie........ 6,76 Mitterrand 34,11 **40,87**	• *1er tour* Hue.............. 8,64 Jospin.......... 23,30 **31,94**
	• *2e tour* **Mitterrand............ 49,19**	• *2e tour* **ÉLU** **Mitterrand............ 51,76**	• *2e tour* **ÉLU** **Mitterrand............ 54,02**	• *2e tour* **Jospin........................ 47,36**
■ ÉCOLOGISTES	• *1er tour* Dumont........................ **1,32**	• *1er tour* Lalonde........................ **3,88**	• *1er tour* Waechter...................... **3,78**	• *1er tour* Voynet........................ **3,32**
■ DROITE	• *1er tour* Giscard........ 32,60 Chaban-D. .. 15,11 Royer............ 3,17 **50,88**	• *1er tour* Giscard....... 28,32 Chirac.......... 18,00 Debré............ 1,66 Garaud.......... 1,33 **49,31**	• *1er tour* Barre........... 16,54 Chirac.......... 19,96 **36,50**	• *1er tour* Balladur...... 18,58 Chirac.......... 20,84 Villiers.......... 4,74 **44,16**
	• *2e tour* **ÉLU** **Giscard.................... 50,81**	• *2e tour* **Giscard.................... 48,24**	• *2e tour* **Chirac...................... 45,98**	• *2e tour* **ÉLU** **Chirac...................... 52,64**
■ EXTRÊME DROITE	• *1er tour* Le Pen.......................... **0,75**		• *1er tour* Le Pen.......................... **14,38**	• *1er tour* Le Pen.......................... **15,00**

Les principaux candidats aux élections présidentielles depuis 1974 ont été rangés par grandes familles politiques. Leurs résultats sont donnés en caractères maigres. La totalisation des suffrages exprimés obtenus par ces cinq familles est en caractère gras. En 1974 et en 1995,le total n'est pas égal à 100 % en raison de la présence de candidats inclassables, absents du tableau.

Le Monde

entraînement au DELF A1

Les épreuves orales de cette page sont à faire en classe avec votre professeur : les documents sonores se trouvent dans les cassettes collectives de Campus.

ÉCOUTEZ

1 *(enregistrement, page 156)*

Vrai ou faux ?

	VRAI	FAUX
Football : Amiens a battu Strasbourg.	☐	☐
Bush rencontre à Madrid les dirigeants européens.	☐	☐
Train, métro, bus en grève.	☐	☐
L'immobilier et le bâtiment en bonne santé.	☐	☐
Attention aux accidents sur l'autoroute Paris-Marseille.	☐	☐
Interview de la chanteuse Françoise Fabian.	☐	☐

2 PARLEZ

Vous téléphonez au médecin ; vous lui décrivez votre état de santé.

3 ÉCRIVEZ

Chère Célia,

Ce petit mot pour t'annoncer une mauvaise nouvelle. Adieu mon beau voyage chez toi ! Je suis actuellement au lit (oui, je t'écris de mon lit...) et le médecin m'a demandé de rester au calme, à la maison, pendant deux semaines.

Maison, travail, enfants, voyages, j'ai certainement fait trop de choses ces derniers mois. Bref, c'est sérieux, il faut que je me repose.

Ne m'en veux pas. Garde bien le petit programme que tu nous avais préparé pour la prochaine fois.

Bisous.

Laure

Vous répondez à Laure et vous lui donnez des conseils amicaux pour retrouver très vite la forme.

....

....

....

....

....

....

....

....

1 décrire et caractériser un lieu

vocabulaire

1■ Classez les activités avec les verbes.

Je vais ***au cinéma***, ...

Je visite ....

Je joue ....

Je fais ....

des amis – du VTT – au théâtre – au football – un monument – du rugby – au jeu vidéo – à la campagne – au concert – une exposition – au football – de la peinture – un petit village – du deltaplane – au restaurant – au musée – de la natation – du tennis – du piano.

2■ Classez les informations.

	Quoi ?	Où ?	Quand ?	Pour qui ?
Le Parc Astérix	***parc de loisirs***	***près de Paris***	***mars à octobre***	***en famille***
Musée du Louvre	....	....	....	....
La Géode	....	....	....	....
Les gorges de l'Ardèche	....	....	....	....
Le Pont-du-Gard	....	....	....	....

Musée du Louvre : métro Palais-Royal ; entrée Pyramide ; ouvert tous les jours sauf mardi et certains jours fériés. Collections permanentes (peinture française, italienne ; école germanique, flamande, espagnole, hollandaise, belge, russe, scandinave ; antiquités orientales, égyptiennes, grecques et romaines ; objets d'art et mobilier ; sculptures ; arts premiers.

La Géode. Parc de la Villette, XIXe arrondissement, métro Porte-de-la-Villette et Porte-de-Pantin. Écran sphérique. Tous les jours. Au programme : *Origine Océan* : 10 h 30. 12 h 30. 15 h 30. 17 h 30. 19 h 30. 21 h 30. *L'Égypte des pharaons* : jeudi, samedi, mardi 20 h 30.

Les gorges de l'Ardèche. 48 km entre Vallon-Pont-d'Arc et Saint-Martin (département de l'Ardèche). Site naturel, haut lieu touristique. Paradis pour les amateurs d'escalade, de canyoning, de rafting, de vie sauvage et de camping troglodyte, et pour les spéléologues. Sites spectaculaires : belvédère du Serre-de-Tour, de la Madeleine, des templiers et le Pont-d'Arc, immense arcade de pierre créée par la rivière.

Le Pont-du-Gard. Sur la route entre Nîmes et Avignon, au nord de Nîmes, vieux de 2 000 ans, chef-d'œuvre de l'époque gallo-romaine, il apportait 20 000 mètres cubes d'eau à Nîmes. Haut de 50 m, il mesure 275 m de long. Il est formé de trois arcades superposées. On le visite en même temps que Nîmes. Le site est ouvert toute l'année.

grammaire

3■ Économisez : avec deux phrases faites-en une.

Ex. : OK Corral est un parc d'attractions. Il vous transporte en plein Far-West.
→ ***OK Corral est un parc d'attractions qui vous transporte en plein Far-West.***

a. J'ai écouté le dernier disque de Manu Chao. Il m'a beaucoup plu.

→ ....

b. J'ai vu *Nikita* de Luc Besson. Je voulais le voir depuis longtemps.

→ ....

c. Le Centre Pompidou est un endroit très agréable. J'aime bien y aller souvent.

→ ....

d. La municipalité a détruit un vieux quartier de notre ville. J'aimais le montrer à mes amis étrangers.

→ ....

e. Le directeur a présenté un nouveau logiciel. Il a beaucoup plu au client.

→ ....

4■ Aidez-vous de « que », « qui », « où » pour compléter ces descriptions.

a. Je cherche un grand appartement .... il y a une grande cuisine et .... est proche de mon travail.

b. Dans *Carmen* .... j'ai vu hier soir à l'Opéra, la cantatrice .... chantait le rôle était superbe.

c. Le logiciel .... je vous propose et .... vous pourrez essayer est très performant.

d. Le président de la République .... les Français ont élu souhaite une Europe plus forte.

e. Le journal .... je lis chaque jour, ... représente le mieux mes opinions et .... écrit mon meilleur ami est très populaire.

écrit

5■ Votre région préférée : vous décrivez ses paysages, son climat, son art de vivre, sa culture.

....
....
....
....

2 exprimer ses sentiments

vocabulaire

6■ Classez les expressions.

Satisfaction : ***j'ai apprécié***, ...
Insatisfaction : ....
Déception : ....
Plaisir : ....
Indifférence : ....

J'ai apprécié – Ridicule – Parfait ! – Dommage ! – Tant pis ! – Formidable ! – Pas mal – Ça marche – Trop c'est trop ! – Ni chaud ni froid – Extraordinaire ! – Ça y est ! – Ça me plaît beaucoup – Je trouve ça très bien – J'en ai assez ! – Très mal – Ça alors ! – Passionnant ! – Étonnant ! – Ce n'est pas raisonnable !

7 Trouvez le contraire.

a. aimer ≠ ....

b. rire ≠ ....

c. la joie ≠ ....

d. se sentir bien ≠ ....

e. être heureux ≠ ....

f. apprécier ≠ ....

g. impatient ≠ ....

h. sympathique ≠ ....

i. indifférent ≠ ....

j. bonne humeur ≠ ....

8 Éliminez l'intrus.

a. aimer ; adorer ; détester.

b. heureux ; déçu ; bien ; joyeux.

c. triste ; sombre ; amusant ; pessimiste.

d. changeant ; inquiet ; inattendu ; stable.

e. bizarre ; étrange ; étonnant ; rassurant.

9 Comment sont-ils ?

Ex. : C'est un très beau travail. Ta nouvelle série de peintures est exceptionnelle. Bravo.
→ ***Satisfait.***

a. Tu me manques beaucoup ; j'ai très envie de te revoir. Je pense à toi. → ....

b. Allez, arrête de pleurer... La vie n'est pas qu'une vallée de larmes. → ....

c. Ridicule, mal joué ! La prochaine fois on ira au cinéma. → ....

d. Ah bon, d'accord ; eh bien tant pis ! Ça sera pour une autre fois. Non, ce n'est pas un problème ; allez, salut, à bientôt ! → ....

triste – indifférent – amoureux – déçu.

grammaire

10 Exprimez des sentiments de manière catégorique.

Ex. : Je reviens très vite. → ***Ne sois pas triste !***

a. *(en vouloir)* : Désolé, mais il m'est impossible de venir. → ....

b. *(penser)* : Pourquoi tu pleures ? → ....

c. *(faire attention à soi)* : Je t'attends, sois prudent. → ....

d. *(pardonner)* : Je pensais que tu n'avais pas envie de m'entendre. → ....

e. *(s'inquiéter)* : Je ne pourrai pas te téléphoner. → ....

11 Dites-le autrement. Utilisez les mots « croire », « penser », « dire », « espérer ».

Ex. : Tu ne m'en voudras pas, j'espère. → ***J'espère que tu ne m'en voudras pas.***

a. Tu verras, tu te sentiras bien.

→ ....

b. J'en suis sûr, ça ira mieux.

→ ....

c. Ça c'est sûr, il me l'a dit, il ne le reverra plus.

→ ....

d. Tu feras attention à toi, j'espère.

→ ....

e. Tu verras, ça te plaira.

→ ....

écrit

12■ Écrivez une page de journal intime où vous exprimez des sentiments.

....

....

....

....

3 voyager

vocabulaire

13■ Observez et répondez.

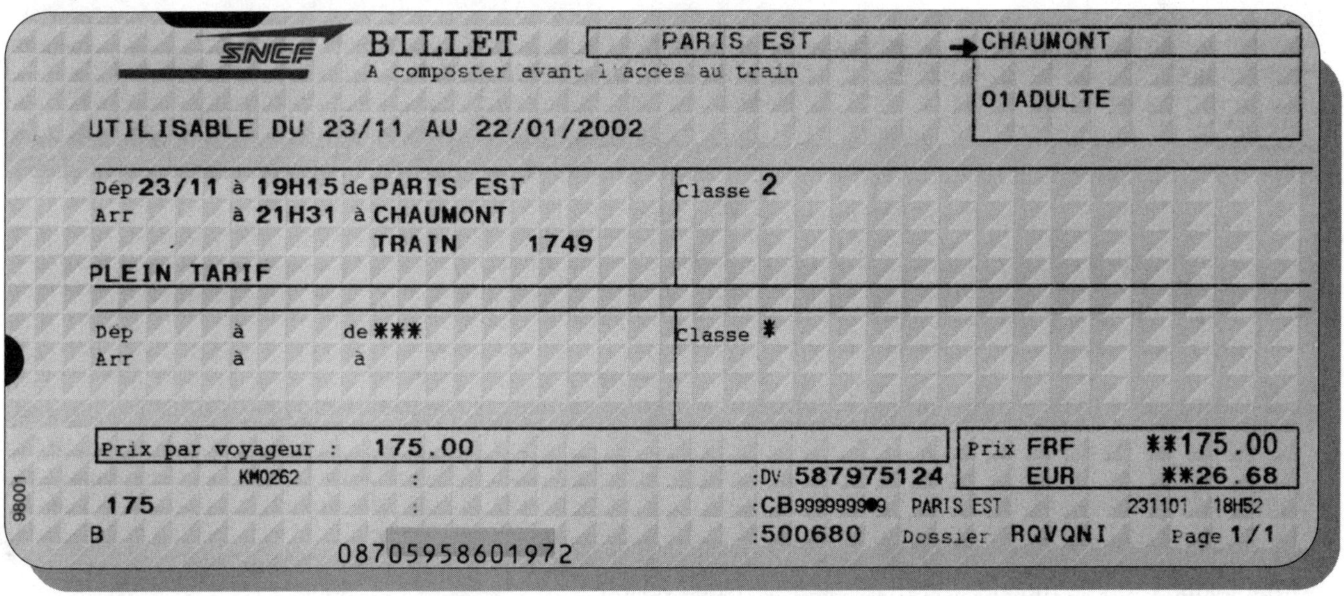

SNCF BILLET

A composter avant l'acces au train

PARIS EST → CHAUMONT

01 ADULTE

UTILISABLE DU 23/11 AU 22/01/2002

Dép 23/11 à 19H15 de PARIS EST — Classe 2
Arr à 21H31 à CHAUMONT
TRAIN 1749
PLEIN TARIF

Dép à de *** — Classe *
Arr à à

Prix par voyageur : 175.00

Prix FRF **175.00
EUR **26.68

KM0262 :
175 :
B
08705958601972

:DV 587975124
:CB999999999 PARIS EST 231101 18H52
:500680 Dossier RQVQNI Page 1/1

98001

Retrouvez sur le billet :

le lieu de départ : ....

le lieu d'arrivée : ....

l'heure de départ : ....

l'heure d'arrivée : ....

la classe de voyage : ....

le prix : ....

grammaire

14■ Dites-le autrement.

Ex. : La météo prévoit un temps très mauvais. → ***Le temps que prévoit la météo va être très mauvais.***

a. L'avion devait partir à 13 h 15 pour Rio. Il est retardé.

→ ....

b. Les voyageurs garent leur voiture sur les parkings ; ils sont parfois victimes de vol de bagages.

→ ....

c. Tu as fait une réservation ; elle est annulée.

→ ....

d. Nous devions descendre à l'hôtel de la Riviera ; il est complet.

→ ....

e. Les camionneurs sont en colère ; ils bloquent les routes.

→ ....

15■ Répondez comme dans l'exemple.

Ex. : Pourquoi est-ce que vous n'êtes pas allés à Dysneyland ? (parc en grève)
– Nous ne sommes pas allés à Dysneyland parce que le parc était en grève.

a. Pourquoi est-ce que vous n'avez pas visité le château de Versailles ? *(fermé le mardi)*

– ....

b. Pourquoi est-ce que vous n'avez pas lu le journal d'aujourd'hui ? *(pas de parution)*

– ....

c. Pourquoi est-ce que vous n'êtes pas allés à l'opéra ? *(complet)*

– ....

d. Pourquoi est-ce que vous n'avez pas mangé de foie gras ? *(plus de foie gras)*

– ....

e. Pourquoi est-ce que vous n'avez pas assisté au spectacle en plein air ? *(pluie)*

– ....

16■ Complétez avec « personne », « jamais », « bien », « souvent », « toujours », « rarement », « très mal », « rien ».

Quel voyage organisé !

On ne voit .... ; on est .... accueilli ; les gens sont .... sympathiques ; on ne mange .... Nous visitons .... seuls, il n'y a .... pour nous accompagner. Nous passons .... notre temps à attendre un guide qui ne vient ....

écrit

17■ Faites le récit d'une fête qui se passe mal.

....

....

....

....

vocabulaire

18■ Trouvez le nom ou le verbe correspondant.

*Ex. : réparer : **réparation.***

a. .... : peinture
b. .... : décoration
c. .... : bricolage
d. construire : ....
e. coûter : ....

19■ Trouvez le synonyme.

a. pas cher : ....
b. très belle : ....
c. très vaste : ....
d. tout petit : ....
e. pas ordinaire : ....
f. difficile à trouver : ....
g. peu concerné : ....
h. à la mode : ....
i. très curieux : ....
j. agréable à vivre : ....
indifférent – extraordinaire – spacieux – bon marché – confortable – tendance – magnifique – minuscule – bizarre – introuvable.

20■ Trouvez la définition de chaque lieu.

*Ex. : La cuisine : **c'est le lieu où on prépare les repas**.*

a. La salle de bains : ....
b. La chambre : ....
c. Le jardin : ....
d. Le bureau : ....

grammaire

21■ Faites comme dans l'exemple.

*Cette maison ne m'a pas coûté cher. → **C'est une maison qui** ne m'a pas coûté cher.*

a. Il faut développer les nouvelles technologies.
→ ....
b. La rédaction a changé le titre.
→ ....
c. Je préfère le climat de la Méditerranée.
→ ....
d. Il faut combattre la violence.
→ ....
e. Cette ville a changé.
→ ....

22■ Insistez...

Ex. : Et tu as tout réparé toi-même ? – Oui, j'ai tout réparé ***moi-même****.*

a. Et vous avez tout fait vous-mêmes ?
– Oui, ...

b. Et elle a tout traduit elle-même ?
– Oui, ...

c. Et tu as tout écrit toi-même ?
– Oui, ...

d. Et il a tout changé lui-même ?
– Oui, ...

e. Et ils ont tout décoré eux-mêmes ?
– Oui, ...

écrit

23■ Décrivez la maison que vous avez louée cet été.

....
....
....
....
....
....
....
....
....
....
....
....
....
....
....
....
....
....

5 parler de ses lectures

vocabulaire

24■ Classez les mots par catégories.

Ils désignent une personne : ....

Ils désignent un objet : ....

le livre – la littérature – le créateur – les prix littéraires – l'émission – le lecteur – le lauréat – l'auteur – l'écrivain – le salon du livre – l'éditeur – le visiteur – l'animateur.

25■ Comment un mot en amène un autre. Complétez avec les mots de la liste ci-dessus.

LITTÉRATURE	LIRE	....
	FOIRE	....
	PRIX	....
	L'ÉMISSION	....

26■ Voici les différents ouvrages qui sont cités dans votre livre de classe : *un guide touristique – un dictionnaire – un catalogue – un annuaire – un roman – une bande dessinée – un roman policier – un manuel.*

Classez-les par catégories.

Fiction : ....

Ouvrages pratiques : ....

Ouvrages scolaires : ....

27■ Voici par ordre alphabétique la liste des auteurs qui sont cités dans votre livre et dans votre cahier d'exercices ; classez-les par siècle. Aidez-vous d'un dictionnaire.

Beaumarchais – Simone de Beauvoir – Camus – Duras – Dumas – Flaubert – Paul Fort – Hugo – Madame de La Fayette – Molière – Montaigne – Amélie Nothomb – Pagnol – Pétillon – Prévert – Racine – Sartre – Stendhal – Uderzo et Goscinny – Voltaire.

XVIe siècle : ....

XVIIe siècle : ....

XVIIIe siècle : ....

XIXe siècle : ....

XXe siècle : ....

XXIe siècle : ....

grammaire

28■ Présentez ces romans à partir des éléments suivants. Faites un récit suivi en utilisant les relatifs.

Ex. : Amélie Nothomb : Hygiène de l'assassin.

Histoire d'un homme ignoble, méchant ; devient prix Nobel. Enquête de Nina, journaliste. Elle découvre son secret.→ ***C'est l'histoire d'un homme ignoble et méchant qui est devenu prix Nobel de littérature. Nina qui est journaliste enquête ; elle découvrira son secret.***

a. Marguerite Duras : *L'Amant*

Une jeune fille de quinze ans et demi élève au lycée de Hanoi ; le fils d'un riche marchand chinois ; le père du jeune homme l'a fiancé à une jeune Chinoise ; il devient l'amant de la jeune fille ; sa mère pauvre ne dit rien ; à la fin la jeune fille repart en France ; elle ne reverra jamais son amant.

....

....

....

b. Albert Camus : *L'Étranger*

Alger : Meursault est un employé de bureau ; il a une petite amie Marie. Il apprend la mort de sa mère et va indifférent à son enterrement. Le dimanche suivant avec Marie et deux amis il va à la plage ; ils sont suivis par deux Arabes ; ils se battent, l'ami est blessé. Plus tard Meursault revient seul ; il tue l'Arabe. Il va en prison. À son procès, il est condamné à mort.

....

....

....

c. Simone de Beauvoir : *Mémoires d'une jeune fille rangée*
Les années de jeunesse de l'écrivain ; une enfance heureuse dans un milieu conformiste et bourgeois ; la rencontre et l'amitié avec Zaza, sa meilleure amie ; la relation amoureuse avec Jacques ; les années étudiantes ; la découverte des cafés, de l'alcool et du jazz ; le début de la complicité avec Sartre.

....

....

....

d. Jean-Paul Sartre : *La Nausée*
Antoine Roquentin, trente-cinq ans, de retour d'Indochine ; installation à Bouville ; projet de livre sur un aventurier du XVIIIe siècle ; écriture d'un journal sur lui-même pour y voir plus clair ; petit à petit, il ne voit plus rien comme avant : sa pipe, une fourchette, un verre de bière, la racine d'un arbre, les autres, lui donnent la nausée ; toutes ces choses, tous ces êtres n'ont pas à être là.

....

....

....

écrit

29■ Quel est le livre français ou francophone que vous avez aimé ? Présentez l'auteur et dites ce que raconte le livre ?

....

....

....

....

....

entraînement au DELF A1

Les épreuves orales de cette page sont à faire en classe avec votre professeur :
les documents sonores se trouvent dans les cassettes collectives de Campus.

1 ÉCOUTEZ

(enregistrement, page 163)

Écoutez et notez les différentes informations nécessaires à la compréhension de chaque appel.

	Qui appelle	Qui répond	Quel est l'objet de l'appel
1	....	....	....
2	....	....	....
3	....	....	....
4	....	....	....
5	....	....	....
6	....	....	....

2 PARLEZ

Vous avez proposé à un ami ou à une amie de partir un week-end de quatre jours à la montagne pour faire de la randonnée. Au dernier moment, vous ne pouvez plus partir. Vous lui expliquez pourquoi. Vous lui proposez un autre choix. Elle n'est pas d'accord. Imaginez le dialogue.

3 ÉCRIVEZ

Vous venez de terminer la lecture traduit dans votre langue ou en français d'un livre français ou francophone (roman, livre d'art, d'histoire, de science, de sport, biographie, livre touristique...) qui vous a beaucoup plu. Vous écrivez à une ou un ami pour lui raconter le livre, lui dire pourquoi vous avez aimé le livre et pour l'inviter à le lire.

....

....

....

....

....

....

....

....

Lexique

A

B

C

château (n.m.) 1 (2)
chaud (adj.) 10 (5)
chauffeur (n.m.) 5 (6)
chaussette (n.f.) 6 (3)
chaussure (n.f.) 6 (3)
chef (n.m.) 7 (2)
chemise (n.f.) 6 (3)
chemisier (n.m.) 6 (3)
chèque (n.m.) 6 (1)
cher (adj.) 3 (5)
chéri (adj.) 3 (3)
chercher (v.) 1 (1)
cheval (n.m.) 2 (5)
cheveu (n.m.) 7 (3)
chez (prép.) 3 (3)
chic (adj.) 6 (3)
chiffre (n.m.) 5 (3)
chocolat (n.m.) 6 (5)
choisir (v.) 3 (6)
choix (n.m.) 3 (6)
cholestérol (n.m.) 12 (5)
chômeur (n.m.) 11 (1)
chose (n.f.) 8 (6)
ciel (n.m.) 10 (5)
cinéma (n.m.) 1 (1)
cirque (n.m.) 10 (4)
clair (adj.) 4 (3)
classe (n.f.) 3 (2)
classique (adj.) 6 (3)
client (n.m.) 4 (5)
climat (n.m.) 10 (5)
climatisation (n.f.) 2 (2)
clinique (n.f.) 11 (3)
cliquer (v.) 5 (6)
cocktail (n.m.) 6 (4)
coco (n.m.) 6 (4)
code (n.m.) 5 (2)
coffre (n.m.) 10 (1)
colère (n.f.) 12 (3)
collaboration (n.f.) 9 (5)
collection (n.f.) 2 (3)
collègue (n.m.f.) 2 (1)
colline (n.f.) 10 (5)
colloque (n.m.) 8 (6)
combattre (v.) 8 (6)
combien (adv.) 4 (1)
comédien (n.m.) 1 (1)
comique (adj.) 12 (3)
commander (v.) 6 (5)
comme (conj. adv.) 4 (6)
commencer (v.) 3 (2)
comment (adv.) 1 (1)
commercial (adj.) 2 (4)
commissaire (n.m.) 10 (6)
commune (n.f.) 10 (3)
communiquer (v.) 7 (6)
compagnie (n.f.) 2 (1)
comparer (v.) 10 (3)
compétent (adj.) 7 (4)
complet (adj.) 12 (3)
comportement (n.m.) 10 (3)
comprendre (v.) 1 (2)
concurrent (n.m.) 5 (4)
condition (n.f.) 9 (5)
confidence (n.f.) 7 (2)
confirmer (v.) 12 (3)
confiture (n.f.) 6 (5)
confortable (adj.) 4 (3)
congé (n.m.) 9 (3)
connaître (v.) 1 (3)
conquête (n.f.) 12 (1)
conseil (n.m.) 7 (2)
conseiller (n.m.) 11 (5)
construire (v.) 9 (6)
consulat (n.m.) 12 (3)
consulter (v.) 5 (6)
content (adj.) 7 (4)
continuer (v.) 4 (1)
contraire (adj.) 7 (1)
contrat (n.m.) 4 (4)
contre (prép. adv.) 8 (2)
contrôle (n.m.) 12 (3)
convenir (v.) 9 (5)
copain (copine) (n.m.f.) 4 (4)
copier (v.) 9 (6)
côté (à ... de) 4 (2)
côtelette (n.f.) 6 (5)
coton (n.m.) 6 (3)
cou (n.m.) 11 (3)
coucher (se) (v.) 4 (5)
couleur (n.f.) 6 (1)
couloir (n.m.) 4 (3)
coupe (n.f.) 8 (2)
couper (v.) 7 (4)
couple (n.m.) 8 (3)
cour (n.f.) 8 (6)
courageux (adj.) 7 (3)
coureur (n.m.) 4 (2)
cours (n.m.) 4 (5)
courses (faire les) 4 (5)
court (adj.) 6 (2)
cousin (n.m.) 8 (3)
couteau (n.m.) 7 (4)
coûter (v.) 6 (1)
cravate (n.f.) 6 (3)
créateur (n.m.) 5 (5)
créer (v.) 9 (1)
crème (n.f.) 6 (5)
cri (n.m.) 8 (2)
croire (v.) 7 (4)
croissant (n.m.) 6 (5)
crudité (n.f.) 6 (5)
cuir (n.m.) 6 (3)
cuisine (n.f.) 12 (4)
cuisinier (n.m.) 2 (4)
curieux (adj.) 4 (1)

D

dans (prép.) 2 (2)
danser (v.) 3 (6)
date (n.f.) 3 (1)
débarquer (v.) 12 (3)
débat (n.m.) 11 (2)
débrouiller (se) (v.) 11 (4)
début (n.m.) 12 (5)
décevoir (v.) 12 (5)
décision (n.f.) 10 (4)
décoller (v.) 12 (3)
décontracté (adj.) 6 (3)
décorer (v.) 6 (4)
découverte (n.f.) 1 (1)
découvrir (v.) 7 (5)
défendre (v.) 11 (4)
déjà (adv.) 9 (4)
déjeuner (n.m.) 3 (2)
deltaplane (n.m.) 2 (5)
demain (adv.) 2 (4)
demander (v.) 4 (1)
démarrer (v.) 12 (3)
dentiste (n.m.) 11 (3)
départ (n.m.) 10 (4)
département (n.m.) 11 (5)
dépêcher (se) (v.) 11 (4)
depuis (prép.) 8 (4)
déranger (v.) 10 (4)
dernier (adj.) 2 (3)
dérouler (se) (v.) 12 (5)
derrière (prép. adv.) 4 (2)
désert (adj.) 8 (2)
désolé (adj.) 7 (5)
désordre (n.m.) 4 (4)
dessert (n.m.) 6 (5)
dessin (n.m.) 6 (1)
dessiner (v.) 9 (6)
détente (n.f.) 5 (5)
détester (v.) 2 (3)
détruire (v.) 5 (4)
devant (prép. adv.) 1 (4)
développer (se) (v.) 9 (3)
devenir (v.) 8 (5)
devise (n.f.) 11 (5)
devoir (v.) 3 (4)
dictionnaire (n.m.) 2 (2)
dieu (n.m.) 8 (1)
différence (n.f.) 5 (3)
différent (adj.) 6 (1)
difficile (adj.) 2 (4)
dimension (n.f.) 10 (1)
dîner (n.m.) 4 (5)
dire (v.) 3 (5)
directeur (n.m.) 2 (2)
dirigeant (n.m.) 11 (2)
diriger (v.) 9 (1)
disparition (n.f.) 5 (1)
disque (n.m.) 5 (6)
distribuer (v.) 9 (1)
divorce (n.m.) 8 (3)
docteur (n.m.) 11 (3)
documentaire (n.m.) 10 (6)
documentation (n.f.) 5 (6)
doigt (n.m.) 11 (3)
dommage (n.m.) 12 (2)
donc (conj.) 5 (3)
donner (v.) 7 (2)
dormir (v.) 4 (5)
dos (n.m.) 11 (3)
douane (n.f.) 12 (3)
douche (n.f.) 4 (3)
douleur (n.f.) 11 (3)
doute (n.m.) 12 (5)
droit (adj.) 4 (1)
droite (n.f.) 4 (1)

E

eau (n.f.) 6 (4)
école (n.f.) 4 (5)
écologiste (n.f.m.) 12 (5)
écouter (v.) 1 (6)
écran (n.m.) 9 (2)
écrivain (n.m.) 12 (5)
éditeur (n.m.) 12 (5)
édition (n.f.) 12 (5)
éducation (n.f.) 5 (3)
égalité (n.f.) 11 (5)
église (n.f.) 3 (1)
égoïste (adj.) 7 (3)
électronique (adj.) 5 (6)
élégante (adj.) 10 (3)
éléphant (n.m.) 12 (1)
élève (n.m.f.) 5 (3)
élection (n.f.) 8 (4)
embarquer (v.) 12 (3)
embrasser (v.) 7 (5)
émission (n.f.) 10 (6)
emmener (v.) 10 (4)
employer (v.) 9 (1)
emporter (v.) 10 (4)
encore (adv.) 6 (6)
enfant (n.m.f.) 1 (4)
enfin (adv.) 3 (2)
ennuyeux (adj.) 2 (4)
enregistrer (v.) 12 (3)
ensemble (adv.) 5 (1)
ensuite (adv.) 9 (4)

p.3hg : Gamma / Benainous-Duclos ; p.3hmg : Gamma / R. Galella ; p.3hmd : Gamma / Saola / J. M. Marion ; p.3hd : Gamma / FSP ; p.3bg : Scope / P. Gould ; p.3bmg : Hoa Qui / A. Wolf ; p.3bmd : Hoa Qui / A. Wolf ; p.3bd : Explorer / E. Poupinet ; p.7g : Collection Christophe L ; p.7m : Avec l'aimable autorisation de Daft Tracks ; p.7d : Editions de Minuit ; p.51bd : Olivier Pietri. DR ; p.59hg : Gamma / Schnerb ; p.59hm : Gamma / Bassignac ; p.59hd : Gamma / N. Quidu ; p.59bg : Stone / David Roth ; p.59bmg : Image Bank / Romilly Lockyer ; p.59bmd : AFP / Jack Guez ; p.59bdh : Stone / Sara Gray ; p.59bdg : Scope / P. Guy ; p.78hg : Corbis-Bettmann ; p.78hd : Corbis / Bettmann ; p.78mg : Gamma / Daniel Simon ; p.78md : Scope / Philippe Blondel ; p.78bg : Roger-Viollet ; p.78bd : Explorer / A. Autenzio ; p.81md : p. Collection Combier. DR ; p.85g : Collection Christophe L ; p.94h, bg : Urba Images / F. Achdou ; p.94d : Urba Images / M. Castro ; p.99 : Scope / Chris Cheadle ; p.118md : Pix/Ulf Sjostedt.

Edition : CL
Maquette intérieure : Marie Linard
Couverture : Laurence Durandau
Iconographie : Valérie Delchambre
Illustrations : René Cannella

Imprimé en Italie par Rotolito Lombarda